Erfahrungen zahlt man teuer, obwohl sie gebraucht viel billiger wären.

Über die Autoren

Der Name Micklitza steht seit Jahren für individuelle und verlässliche Informationen in Reiseführern (Lausitz, Spreewald, Tschechien, Böhmisches Bäderdreieck, Polnische Ostseeküste und Slowakei). Über zwanzig Jahre schrieben und bebilderten sie anspruchsvolle Reisereportagen in zahlreichen Magazinen und in über zwanzig Tageszeitungen. Die Zusammenarbeit endete unfreiwillig durch die Sparwut in den Verlagshäusern. Die meisten Redaktionen arbeiten heute beim Thema Reise nur noch mit Agenturen zusammen oder bringen PR-Artikel, die kein extra Geld kosten.
Zwei Hobbyschreiber und Amateurfotografen entwickelten sich zu erfahrenen Reisejournalisten. Dieser seltene und zugleich glückliche Umstand mag einer der Gründe sein, dass die Autoren sich in der Lebensmitte auf einen neuen Pfad begaben, einen ungewöhnlichen Blick auf den deutschen Alltag werfen und dabei individuelle Chancen für ein glückliches Leben beleuchten.

Kerstin & André Micklitza

Die Vermessung des Glücks in Deutschland

3. aktualisierte Auflage 2014
© André & Kerstin Micklitza
Herstellung und Verlag: BoD - Books on Demand, Norderstedt
Alle Rechte vorbehalten. Kein Teil des Werkes darf in irgendeiner Form
ohne schriftliche Genehmigung reproduziert, verarbeitet, vervielfältigt
oder verbreitet werden.
Umschlagfoto:André Micklitza
ISBN 978-3-7357-6044-9
Preis: 11,90 Euro

Inhalt

Vorwort	6
Das Ideal	8
Glücklichsein ist ein Erkenntnisprozess	10
Glücklich nur mit Durchblick: Politik hinterfragen	18
Glücksbringer: Partner und Kind(er)	36
Glücksvorsorge: Gesundes Essen	44
Glücksdroge I: Sport und Sauna	71
Glücklich durch gesunde Lebensweise	82
Ein glückliches Gefühl: Gesunde Körperpflege mit wenig Geld	104
Glücklich befreit: Eigene Rituale pflegen	111
Besitz verpflichtet und macht (oft) unglücklich	120
Glücksgefühle durch Verzicht: Auto fahren einschränken	130
Zeit gewinnen: Das TV-Gerät entsorgen	136
Glücksdroge II: Lesen macht schlauer	160
Glückliche Zeiten: Reisen, Reisen	172
Hinweise zum Benutzen	180

Vorwort

"Alle Gelegenheiten zum Glücklichsein nützen nichts, wenn man den Verstand nicht hat, sie zu nutzen" (Johann Peter Hebel)

Wieder ein Buch über das Glück. Wo es doch schon so viele gibt. Kein alleiniges Wundermittel vermag uns in jenen berauschenden Zustand zu versetzen. Hier soll kein pseudointellektuelles Geschwätz langweilen und kein astrologischer Unsinn aufgetischt werden, auch eine neue Heilslehre oder die Anbetung eines Götzen gibt es hier nicht. Viele solcher Titel wollen uns glauben lassen, dass es doch eigentlich ganz einfach sei, glücklich zu sein. Man folge nur einer dieser Gebrauchsanleitungen, nehme eine Portion Selbstvertrauen und denke dabei immer positiv. Über die Millionenauflage von ›Glück geht oft zusammen‹* schrieb eine Redakteurin lakonisch: „Diese Bestseller machen vor allem den Autor glücklich" (Sächsische Zeitung, 5./6.12.09, S. 10).

Aus dem ›Happy Planet Index‹, entwickelt von der britischen New Economics Foundation, ging vor einiger Zeit hervor, dass die Deutschen in punkto Glück weltweit erst an 85. Stelle stehen. Sind wir also doch zu dumm zum Glücklichsein? Tatsächlich braucht es mehr, als erwähnte Ratgeber uns suggerieren wollen. Wir sollten wissen, wie Politik, Wirtschaft und Gesellschaftssystem funktionieren. Nur wer Zusammenhänge erkennen kann, ist in der Lage, daraus die richtigen Schlussfolgerungen zu ziehen. Das ist freilich nicht immer leicht in einem Alltag, in dem beinah jeder von uns zwischen Existenzangst, Familie und Partner jonglieren muss. Wo Zeit zum Nachdenken ein kostbares, knappes Gut geworden ist. Doch nur wer selbst bestimmt, aus eigenem Antrieb handelt, wird mit seinem Leben zufrieden sein.

Zwar sind wir von Geburt an in unterschiedlichen sozialen Strukturen aufgewachsen und können Glück mit unseren

Eltern und Erziehern gehabt haben, sind mit gesunden oder weniger guten Genen ausgestattet, haben mehr oder weniger Geld. Aber das kann das spätere Glücklichsein nur erleichtern oder erschweren. Vor allem kommt es auf uns selbst an! Glücklichsein erweist sich als alltägliche Arbeit. Nur wer seinen inneren Schweinehund wieder und wieder bekämpft, sich aufrafft aus der Bequemlichkeit, gesellschaftliche Konventionen und Traditionen hinterfragt, wird glücklich sein. Aber wie schon der Satiriker Kurt Tucholsky feststellte, ist immer irgendetwas, was uns vom restlosen Glücklichsein abhält: Wer sucht, wird auch Fehler finden. Perfekt ist nichts außer unseren Wünschen und Zielen.

So mancher Absatz in diesem Buch mag dem Leser zunächst unerhört, seltsam oder gar fantastisch erscheinen. Doch etwas zum Positiven verändern, das heißt sich anstrengen, über seinen Schatten springen, sich selbst und anderen unbequeme Fragen stellen, neue Wege einschlagen, gegen den Strom schwimmen.

Mit den meisten herkömmlichen Glücksratgebern ist es so wie bei der Schulmedizin. Diese doktert im Gegensatz zu einer Ganzheitsbetrachtung unseres Körpers oft nur an den Symptomen herum, ohne nach der Ursache zu forschen. Doch alles hängt mit allem zusammen. Wenn Sie sich auf diesen Gedankenansatz einlassen, wird klar, dass wir unser Gesellschaftssystem durchschauen müssen. Wo Geld die Welt regiert, stehen auf der einen Seite die Gewinner, auf der anderen viel mehr Verlierer. Die besten Chancen zum Glücklichsein haben wohl diejenigen, die ihren Durchblick dazu nutzen, sich möglichst viele Freiräume schaffen, unbedarften Konsum hinterfragen und die sich darauf konzentrieren, ihre eigenen Fähigkeiten und Fertigkeiten zu vervollkommnen sowie nach zukunftsträchtigen Lebensentwürfen streben. Dazu muss niemand aus Deutschland auswandern.

Das Ideal

Ja, das möchste:
Eine Villa im Grünen mit großer Terrasse,
vorn die Ostsee, hinten die Friedrichstraße;
mit schöner Aussicht, ländlich – mondän,
vom Badezimmer ist die Zugspitze zu sehn –
aber abends zum Kino hast du´s nicht weit.

Das Ganze schlicht, voller Bescheidenheit:

Neun Zimmer – nein, doch lieber zehn!
Ein Dachgarten, wo die Eichen drauf stehn,
Radio, Zentralheizung, Vakuum,
eine Dienerschaft, gut gezogen und stumm,
eine süße Frau voller Rasse und Verve –
und eine fürs Wochenend, zur Reserve –
eine Bibliothek und drumherum
Einsamkeit und Hummelgesumm.

Im Stall: Zwei Ponys, vier Vollbluthengste,
acht Autos, Motorrad – alles lenkste
natürlich selber – das wär ja gelacht!
Und zwischendurch gehst du auf Hochwildjagd.

Ja, und das hab ich ganz vergessen:
Prima Küche – erstes Essen –
Alter Wein aus schönem Pokal –
Und egalweg bleibst du dünn wie ein Aal.

Und Geld. Und an Schmuck die richtige Portion.
Und noch ne Million und noch ne Million.
Und Reisen. Und fröhliche Lebensbuntheit.
Und famose Kinder. Und ewige Gesundheit.

Ja, das möchste!

Aber wie das so ist hienieden:
Manchmal scheints so, als sei es beschieden
Nur pöapö, das irdische Glück.
Immer fehlt dir irgendein Stück.
Hast du Geld, dann hast du nicht Käten;
Hast du die Frau, dann fehln dir Moneten –
Hast du die Geisha, dann stört dich der Fächer:
Bald fehlt uns der Wein, bald fehlt uns der Becher.

Etwas ist immer.
Tröste dich.

Jedes Glück hat einen kleinen Stich.
Wir möchten so viel: Haben. Sein. Und gelten.
Das einer alles hat:
Das ist selten.

(Kurt Tucholsky alias Theobald Tiger, 31.7. 1927 in Berliner Illustrirte Zeitung, Nr. 31, S. 1256)

Glücklichsein ist ein Erkenntnisprozess

„Das Leben wird sein, wie wir es machen" (von Manfred Krug gesungen in ›Komm und spiel mit mir‹)

Die Menschen suchen das Glück. Wo ist es zu finden? Deutschland ist gemessen am Bruttoinlandsprodukt aller gefertigten Güter und Dienstleistungen ein sehr reiches Land. Aber sind wir auch ein glückliches Volk? Vor allem Gesundheit, Lebenserwartung, Bildung und Umwelt prägen unser Glücksgefühl.

Auf das eigene Glück oder Unglück in der Kindheit hat man selbst nur wenig Einfluss. Eltern, Freunde, Bekannte und Pädagogen haben dem jungen Weltenbürger gegenüber eine enorme Verantwortung. Sie müssen frühzeitig Begabungen und Neigungen des Kindes erkennen und fördern, es anleiten und lenken, Regeln und Grenzen aufzeigen sowie sich ihrer Vorbildwirkung bewusst sein. Nur so können Kinder und Jugendliche eigene Ideale herausbilden und einer wachsenden Orientierungslosigkeit in der Gesellschaft begegnen, ohne daran später zu verzweifeln. Wenn Eltern die Beobachtungsgabe ihrer Kinder schulen, dann werden diese später auch unscheinbare Veränderungen registrieren können. Sie werden daraus entsprechende Schlüsse ziehen und ihre Vorkehrungen treffen. Ausdauer, Disziplin, Mitmenschlichkeit und Naturliebe werden vor allem in jungen Jahren fürs Leben geschult. Auch die Neugier auf andere Landschaften und Kulturen kann schon früh geweckt werden. Reist die Familie schon immer auf eigene Faust, werden auch junge Erwachsene das selbst organisierte Reisen bevorzugen. Die eigenständige Planung und die damit verbundene Vorfreude gehören zum großen Glücksgefühl des Reisens dazu.

„Du siehst die Blumen nicht, die blühen, Du kannst nur arbeiten und schuften. Und wenn Du liegst dann auf der Bahre, grinst hinter Dir der Tod und lacht: Kaputt gerackert – Du Idiot!". So sprach vor wenigen Jahrzehnten der deutsche

Volksmund und bringt es noch immer auf den Punkt. Sie wollen doch sicher die Blumen sehen, sich am Leben erfreuen, zwar gern arbeiten, aber alles mit Augenmaß angehen? Viele Menschen sterben mit 50, 60 Jahren, weil eine Karriere um jeden Preis bis dahin das wichtigste Lebensziel bedeutete. „Durch Rücksichtslosigkeit haben die Menschen Erfolg, erlangen, was sie begehren. Aber danach verdorren sie an der Wurzel", besagt eine indische Weisheit. Nehmen wir an, Sie haben ein Alter von zwanzig, dreißig oder vierzig Jahren erreicht. Erschreckt Sie der Gedanke, bereits in 25 Jahren könnte Schluss sein? Wäre es nicht erstrebenswert, bis dahin ein intensives und selbstbestimmtes Leben zu führen und nicht nur zu funktionieren? Entwerfen Sie möglichst frühzeitig Konzepte, formulieren Sie die wichtigsten Lebensziele und tasten Sie sich Schritt für Schritt vorwärts. „Wer das Ziel kennt, kann entscheiden, wer entscheidet, findet Ruhe, wer Ruhe findet, ist sicher, wer sicher ist, kann überlegen, wer überlegt, kann verbessern". Das hat Konfuzius schon vor zweieinhalbtausend Jahren treffend festgestellt. Die angeblich immer knapper werdende Zeit ist eine der Geißeln unserer Gesellschaft. Nur wer sie sich auch nimmt, kann für Momente immer mal wieder glücklich sein.

Glück im Wandel der Zeiten
Glück und Wohlstand sind sehr wandelbare Begriffe. Nach dem Ende des Zweiten Weltkrieges waren ein voller Magen, eine warme Stube und die Heimkehr eines lieben Angehörigen aus der Gefangenschaft für die meisten Deutschen das größte Glück. Im Wirtschaftswunderland Bundesrepublik Deutschland stiegen die Ansprüche Mitte der 1950er Jahre weit darüber hinaus und auch in der DDR musste ein Jahrzehnt nach dem Zusammenbruch des Dritten Reiches niemand mehr hungern. In den 1970er und 1980er Jahren schienen die Bundesbürger das Glück für sich gepachtet zu haben, frei nach dem Motto „Gott hat die Erde nur einmal geküsst, genau an dieser Stelle, wo jetzt Deutschland ist" (CD ›D‹, Die Prinzen, ›Deutschland‹, 2001). Beide gesellschaftliche Systeme, das der Bundesrepublik und das der

DDR, standen im Wettstreit um soziale Wohltaten. Auch wenn es heute vielleicht in Deutschland nur wenige wahrhaben wollen: Bei den allermeisten gewerkschaftlichen und politischen Verhandlungen um den Ausgleich ökonomischer Ungleichgewichte saß die DDR als unsichtbare aber fühlbare Größe mit am bundesrepublikanischen Tisch. Der Kapitalismus konnte so 40 Jahre gezügelt werden, denn die Beteiligten mussten sich oft auch an den sozialen Realitäten in Ostdeutschland messen lassen. Letztlich fehlte der DDR aber die ökonomische Basis für die Vielzahl der Sozialleistungen. Das brach dem Staat Ende der 1980er Jahre das Genick, auch weil das System politisch vollkommen abgewirtschaftet war. Aber man darf nicht vergessen: Die DDR hat fast die gesamten Reparationszahlungen des Zweiten Weltkrieges an die Sowjetunion für Westdeutschland mitbezahlt: Exakt 97 Prozent, die damalige BRD trug nur 3 Prozent. „Ein Gutachten, das die Bundesregierung 1989 in Auftrag gab, ermittelte ... dass die Schuld des Westens gegenüber dem Osten 727 Milliarden DM betrug" (Günter Bienst, Leserbrief in der Lausitzer Rundschau, 30.10.10, S. 2).

Ein Vierteljahrhundert nach dem Ende der DDR gehen jetzt alle Bundesbürger einem ungewissen Schicksal entgegen, obwohl gegenwärtig für viele immer noch Milch und Honig fließen. „Die Sicherheitsversprechen der Moderne greifen nicht mehr, ... Aktien erweisen sich massenweise als Flop, Rentenanleihen werden Makulatur, Megakonzerne kollabieren, scheinbar florierende Staaten machen bankrott. Und man hat nicht gerade den Eindruck, dass das erodierende System sich stabilisiert oder gar neu sortiert. Die fetten Jahre sind unwiderruflich vorbei" (Olaf Briese, Der Tagesspiegel, 17.08.10, S. 19). Auch bei den Lebensversicherungen, der Hauptstütze der privaten Altersvorsorge, bahnt sich wegen der jahrelangen Nullzinspolitik eine Katastrophe an – Deutsche halten knapp 90 Millionen Verträge (Stand 2012).

Der Staat hat bislang über zwei Billionen Euro Miese angehäuft. Inoffiziell, nämlich mit bereits zugesagten Beamten- und Pensionsgarantien, soll die Gesamtverschuldung etwa das Dreifache betragen. Dagegen waren die etwa 10 Milliarden Mark Schulden, die der DDR zum Verhängnis wurden, ein Klacks! Die Zeche bezahlt der Bürger – schließlich „bürgt" er für den Staat und wird daher so genannt. „Verlasse dich auf nichts" ist die einzige Regel auf die man sich wirklich verlassen kann.

Seit Ende der 1990er Jahre verharrte das Wohlstandniveau für Gesamtdeutschland, um seit der Jahrtausendwende schrittweise wieder zu sinken. Auch weil durch den Untergang des Sozialismus in Europa ein Korrektiv fehlt, an dem praktische Vergleiche möglich sind.

Die hohe Zahl Erwerbsloser, der demografische Wandel und die Globalisierung werden nach Expertenmeinung in den nächsten Jahren zu einer Neubewertung von Wohlstand führen. Weniger Geld in der Tasche heißt nicht zwangsläufig immer unglücklicher zu leben. Wohlstand und Zufriedenheit definieren sich zukünftig mehr als individuell unterschiedlich empfundene Lebensqualität und weniger über Geld und Besitztümer. Studien des Hamburger BAT-Freizeitforschungsinstituts haben ergeben, dass sich die Deutschen schon heute im Mittelfeld zwischen Überfluss und Not am wohlsten fühlen. „Wir müssen in Zukunft versuchen, Sinnbedürfnisse nicht mehr nur materiell zu lösen. Welches sind die Werte, von denen man sich Glück und Zukunft verspricht? Und weil die Parteien darauf nicht eingehen, haben wir diese enorme Parteiverdrossenheit", meint Richard David Precht (Der Tagesspiegel, 2.01.11, S1).

Mit der gesellschaftlichen Diskussion um ein bedingungsloses Grundeinkommen für alle wird diesem Empfinden weiter Nahrung gegeben. In der multiaktiven Leistungsgesellschaft des 21. Jahrhunderts werden bezahlte und unentgeltliche (z.B. ehrenamtliche) Arbeit den gleichen Wert bekommen, sagen die Zukunftsforscher weiter. Der Großteil der Bundesbürger definiert den individuellen Lebenssinn weiterhin über abhängige Erwerbsarbeit und zwingt sich zur gesellschaftlichen Norm der Anpassung. „Mir macht meine Arbeit viel Spaß", wird bei Befragungen oft in das Mikrofon gelogen, obwohl der alltägliche Zwangstrott viele abstumpfen lässt und krank macht. Nach einer Umfrage im Jahre 2013 hat knapp jeder Fünfte bereits innerlich gekündigt! „Der größte Teil der Mitarbeiter, nämlich 67 Prozent, ist nur schwach gebunden und leistet Dienst nach Vorschrift" (Flora Wisdorff, welt.de, 31.3.14).

Besser wäre es, die Notbremse zu ziehen, bevor man durchdreht. Jährlich begehen hierzulande etwa 10 000 Suizid, zehn Mal so viele versuchen es. „Glück ist im menschlichen Bauplan nicht angelegt. Wer ein stimmiges Privatleben sucht und gleichzeitig auch Karriere machen will, der schafft dies nur, indem er beruflich und privat Abstriche macht und den hohen Erwartungsdruck in allen Lebensbereichen hinter sich lässt", sagt der Psychologe Stephan Grünewald (Der Tagesspiegel, 20.12.09, S. K2).

Die Unzufriedenheit im Angestelltenalltag basiert bei näherem Hinschauen oft auf der Alternativlosigkeit. Die meisten Politiker wollen den angeblichen Sinnstifter „abhängige Lohnarbeit" auch perspektivisch nicht in Frage stellen. Abhängige Arbeit stellt ein wichtiges Herrschaftsinstrument dar. Würde man den Bürgern ein bedingungsloses Grundeinkommen auszahlen, könnte sich jeder das ihm genehme Betätigungsfeld aussuchen, im Notfall bliebe das Bürgergeld. Der Kapitalismus bekäme mit dem bedingungslosen Grundeinkommen ein menschliches Antlitz, wie vom Kommunismus der Zukunft einst erträumt: ›Jeder lebt frei nach seinen Fähigkeiten und Fertigkeiten‹. Das hätte sich der Philosoph und Systemkritiker Karl Marx nicht träumen lassen, dass eine Chance besteht, den Kapitalismus zu sozialisieren ohne ihn seiner Triebfedern zu berauben: Wenn die Grundbedürfnisse der Menschen finanziell abgesichert sind, kann sich das Individuum frei entfalten. Jeder bestimmt selbst, welche Lebensform zum persönlichen Glück führt – man kann sich auch immer wieder neu entscheiden. Erfüllende und damit glückbringende Tätigkeiten z.B. in der Alten-, Kinder- und Jugendbetreuung, in Bildung und im Umweltschutz, die viele aus innerem Bedürfnis gern übernehmen würden, der sie aber wegen schlechter oder gar keiner Bezahlung nicht nachgehen können, würden einen Aufschwung erleben. So könnte man vielen gesellschaftlichen

Fehlentwicklungen wie Betreuungsmangel, Vandalismus, Kleinkriminalität entgegenwirken. Die meisten Befürworter eines bedingungslosen Grundeinkommens finden sich bei Linken und Grünen, aber auch einige FDP- und CDU-Politiker haben sich bereits damit angefreundet. Doch die Staatslenker, Lobbyisten und Hintermänner der Macht sind sich den Gefahren für die Fortdauer einer hierarchischen Ausbeutergesellschaft bewusst, wie es George Orwell bereits 1948 erkannte: „Denn wenn alle in der gleichen Muße und Sicherheit lebten, würde die große Masse der Menschen, die normalerweise durch die Armut verdummt sind, sich weiterbilden und selbstständig zu denken lernen; und wären sie erst einmal so weit, würden sie früher oder später dahinterkommen, dass die privilegierte Minderheit keine Funktion besaß, und sie hinwegfegen. Auf lange Sicht war eine hierarchische Gesellschaft nur auf der Basis von Armut und Unwissenheit möglich" (›1984‹, Ullstein Taschenbuchverlag, 23. Auflage 2002, S. 229).

Seit 2007 macht sich der Heidelberger Lehrer Ernst Fritz-Schubert für einen Wandel in der Gesellschaft stark: Seither wird in der Willy-Hellpach- Schule das Fach „Glück" gelehrt. Es geht im Leben um eine sinnvolle Tätigkeit, nicht um Geld und nicht um Besitz. Aber wieviel Zeit hat die Menschheit schon versäumt um sich zu ändern! Bereits Aristoteles, geboren 384 vor Christus, erkannte, dass die höchste Menschlichkeit sich in einer vernünftigen Tätigkeit zeige, die als Glück erlebt werde.

Geht es weiter wie bisher, wird das untere Drittel der Gesellschaft dauerhaft ausgegrenzt, steigen Kriminalität und Gewalt unvermindert an und es wird für alle unbehaglich, auch für die, die Besitztümer jetzt noch ihr eigen nennen.

Neue Berufswelten
Bis das Basiseinkommen für Jedermann kommt, wird es wohl noch eine Weile dauern, vielleicht bleibt es auch nur bei einem Wunschgedanken. Chancen für ein selbstbestimmtes Leben bieten sich heute vor allem für Selbstständige. Aber nur weniger als zehn Prozent der berufstätigen Deutschen haben

sich bisher auf dieses Abenteuer mit Glückspotential eingelassen. Jungen Leuten stehen heute so viele Berufswege offen, dass sie allein dadurch schon wieder überfordert sind. „Es ist in dieser Welt sehr schwierig, mit sich selbst zufrieden zu sein, mit dem was man hat, wie man lebt. Wo ist der Punkt erreicht, an dem man sein Leben endlich gut findet?", fragt die Regisseurin Sonja Heiss (Abendzeitung München, 22.11.07, S. 41).

Das Wichtigste bei der Arbeit ist, die Arbeit zu tun, die wir lieben. Niemand hindert uns daran, uns auch als Selbstständige zu fühlen, auch wenn wir angestellt sind. Jeder Mensch, der in seinem Beruf unzufrieden ist, ist nicht wirklich mit seiner Stellung oder dem Status unzufrieden, sondern hat den falschen Beruf gewählt oder arbeitet in der falschen Firma. Das Problem ist aber, die Menschen haben Angst, aus ihrer vermeintlichen Sicherheit auszubrechen. Sie ertragen lieber das Mobbing, die Angst vor übermorgen, weil sie sich selbst nicht zutrauen, dass es besser werden kann. Viele kommen mit der Freiheit nicht klar, sich ihren Tag jetzt selbst einteilen zu müssen. Das ist ein ganz wichtiger Aspekt: Selbstständige, Unternehmer, denken und handeln anders als Arbeitnehmer. Viele Arbeitnehmer sind nicht bereit, den Arbeitsaufwand zu treiben, den ein Selbstständiger hat oder die Risiken einzugehen, also bleiben sie auf der Stufe, wo sie sich befinden.

Udo Jürgens, erfolgreicher Sänger und Entertainer, sagt im Interview: „Lebensglück kann nur bedeuten, sich allem Auf und Ab des Lebensweges zu stellen, zu stolpern und wieder aufzustehen. Euphorie entsteht nur nach der Niedergeschlagenheit ..." (Der Tagesspiegel, 26.01.08, S. 21). Vor allem persönliche Freiheit und die frei verfügbare Zeit sind die Zauberschlüssel für ein selbstbestimmtes Leben. Die Globalisierung und das Internet gebären immer neue Berufsfelder. Die kreativen Möglichkeiten sind unerschöpflich, und wer sich mit pfiffigen Ideen und Diensten einen Markt schafft, muss die Zukunft nicht fürchten. Meist sind es Zwanziger bis Vierziger mit innovativen Ideen, die keinen Chef vor der Nase sitzen haben, der sie tyrannisiert und die sich keine Verzagtheit einreden lassen. Finanziell leben sie oft in einer angespannten Situation, ein fester Job ist selten in Aussicht. Dennoch pfeifen sie auf die Scheinsicherheiten eines Angestelltendaseins, denn die neue digitale Boheme hat aus der Not eine Tugend gemacht. Dank der weltumspannenden Datenautobahn können sie arbeiten, wo, wann und wie sie es wollen. Die Individualisierung, einst auf persönliche Freiheit und den Konsum begrenzt, dehnt sich nun auch auf den Sektor Arbeit aus und eröffnet so ganz neue Lebensentwürfe. Timothy Ferris, Unternehmer und Weltenbummler, sagt: „... dass der Ruhestand kein Ausgleich sein kann für ein unerfülltes und langweiliges Leben. ... Es geht darum, sein Leben Schritt für Schritt neu zu gestalten ... so dass Sie nicht mehr jene Dinge tun müssen, zu denen Sie keine Lust haben ... Einkommen ist nur in dem Maß wertvoll, wie man seine Zeit kontrolliert und es für erstklassige Erfahrungen einsetzen kann" (Der Tagesspiegel, 18.05.08, S. K2).

Tipp zum Weiterlesen: ›Die 4-Stunden-Woche. Mehr Zeit, mehr Geld, mehr Leben‹, von Timothy Ferriss, Econ Verlag.

Glücklich nur mit Durchblick: Politik hinterfragen

"Wer nichts weiß, muss alles glauben, wer nichts weiß, glaubt irgendwann jeden Schei..." (Joely & Oliver Lilipuz, Geschichtenliedererzähler, CD ›Wdr 5 Bis ans Ende der Welt‹, 2006)

Manche Mitbürger meinen, was schert es mich, was in der großen Politik abgeht. Soll ich wirklich danach streben, allen Dingen und Fragen möglichst auf den Grund zu gehen? Das kostet viel Zeit und Mühe. Die Antworten und Tatsachen sind oft beängstigend und rufen nach Konsequenzen. Das ist mir viel zu anstrengend! Sokrates aber wusste: „Das Glück wohnt in dem Menschen, der die Wahrheit sieht" und der Philosoph und Theologe Thomas von Aquin meint: „Weisheit aber betrachtet den Inbegriff der Glückseligkeit selbst".

Wichtig erscheint den meisten Politikern allein der Machterhalt. Als die Bundesregierung Ende 2007 ihre Halbzeitbilanz präsentierte, stellte der damalige FDP-Vorsitzende Guido Westerwelle lakonisch fest: „Sie hassen sich wie die Pest". Dennoch schweißt alle der Machtinstinkt zusammen. Viele Spitzenpolitiker erscheinen emotional verarmt. Der erfolgreiche Aufstieg war verbunden mit der Angst vor eigenen Fehlern und vor der Heimtücke der Konkurrenten. Der alltägliche Erfahrungsprozess hat sie hart werden lassen und zum Abstumpfen geführt. Aber wenn es brenzlig wird, deckt man sich gegenseitig. „Merkel wurde von einem niederländischen Korrespondenten gefragt, wie sie die Finanzen eines Landes mit 82 Millionen Bürgern einem Mann anvertrauen könne, der sich nicht einmal an die Details einer persönlich überreichten 100 000-Euro-Zahlung durch den Rüstungslobbyisten zu erinnern vermag. Merkel war erst sprachlos, sagte dann, dass sie Wolfgang Schäuble volles Vertrauen entgegenbringe und quittierte wiederholte Nachfragen mit Schweigen" (Lars von Törne, Der Tagesspiegel, 31.12.09, S. 19).

Gerhart Baum, von 1978 bis 1982 Bundesinnenminister, bekannte: „Als Berufspolitiker war ich berufsbedingt deformiert. Wenn ich alte nichtssagende Statements von mir selber heute lese, dann schüttelt es mich" (chrismon, Heft 4/2008, S. 24). Der Journalist Günther Koch, ehemals Landtagsabgeordneter, erinnert sich: „Ich Depp war so naiv und dachte, dass ich für die Gemeinschaft etwas tun kann. Als Unabhängiger hätte ich einiges erreichen können. Als die Parteien gemerkt haben, dass da einer kommt, der nur macht, was er für richtig hält, wurde denen unwohl. Auch die SPD, die mich um eine Kandidatur gebeten hatte, hat mich im Regen stehen lassen ..." (Der Tagesspiegel, 19.05.07, S. 31). Glaubhafte Berufspolitiker erscheinen selten auf der bundesrepublikanischen Bildfläche. Die verstorbene brandenburgische SPD-Sozialministerin Regine Hildebrandt war eine Volksvertreterin, der man vertrauen konnte. Der FDP-Politiker Gerhart Baum klagte gegen neue Regierungsgesetze und hat mehrmals Recht bekommen. Die CDU-Politiker Heiner Geißler (ehemals Generalsekretär) und Klaus Töpfer (ehemals Bundesumweltminister) sind mit dem Alter kritischer geworden: Geißler hat sich 2007 der Antiglobalisierungsbewegung Attac angeschlossen. Dr. Klaus Töpfer, durch seine Weltreisen als UN-Exekutivdirektor sensibilisiert, setzt sich seitdem für die Belange der Ärmsten ein und warnt eindringlich vor den Gefahren des Klimawandels. Gregor Gysi von der Linkspartei ist als langjähriger DDR-Bürger mit der Lebenserfahrung zweier unterschiedlicher Gesellschaftssysteme dazu befähigt, die Politik der Bundesregierung messerscharf zu analysieren: „Ich dachte, bei ihrem Besuch [von Angela Merkel, d. A.] auf der Ranch des US-Präsidenten fällt ihr irgendetwas zu dem Gefangenenlager Guantanamo oder den CIA-Geheimgefängnissen in Osteuropa ein. Und dann kam gar nichts. Das kann man ihr nicht durchgehen lassen. Die DDR hat auch immer Menschenrechtsverletzungen der USA angeprangert, nur in der Sowjetunion und bei sich selbst nicht. Von dieser Einseitigkeit habe ich die Schnauze voll" (Der Tagesspiegel, S. 7. 16.12.07). Die meisten Politiker und

Journalisten sind Gysi in Gesprächsrunden intellektuell unterlegen. Weil man ihn daher verunglimpfen möchte, wird seit einem Vierteljahrhundert die Stasikeule geschwungen. Auch Ex-Focus-Chefredakteur Helmut Markwort meldet sich diesbezüglich zu Wort: „„Ob er einen Spitzel-Vertrag unterschrieben hat oder nicht, ist fast nebensächlich, weil er jahrzehntelang als zuverlässiger Diener der Diktatur galt" (Focus Heft 23/2008, S. 5). Nach dieser Denkweise von Herrn Markwort wäre die Mehrheit der ehemaligen DDR-Bevölkerung schuldig, weil sie als „zuverlässiger Diener der Diktatur" den Systemerhalt über vier Jahrzehnte ermöglichte, seit 25 Jahren aber neue Chancen sucht.

Bestseller-Autor Roger Willemsen sagt im Interview: „Und lügen zu können, gehört zur Kernkompetenz eines Politikers. Er muss permanent lügen" (Der Tagesspiegel, 19.08.07, S. S1).

„Die Lüge ist erlaubt, Politiker dürfen lügen, Ärzte dürfen lügen (wenn es dem Patienten hilft), Geistliche dürfen ihre Gemeinden belügen und Journalisten – ach, reden wir nicht drüber. Die Lüge ist die akzeptierte Anarchie in einer geordneten Welt, Jahrhunderte ... haben ihr so wenig anhaben können wie 60 Jahre Grundgesetz" (Jost Müller-Neuhof, tagesspiegel.de, 22.01.12).

„In Zeiten allgemeinen Betrugs ist das Aussprechen der Wahrheit ein Akt der Revolution" (George Orwell). Die CDU/CSU/FDP/SPD/GRÜNEN-Politiker wollen uns weismachen, sie hätten die weltweite Bankenkrise nicht kommen sehen und es gibt für die heutige Krise angeblich „... keine Lehrbücher" (Ex-Vorsitzender der Euro-Gruppe, Jean-Claude Juncker)? Das ist dummes Geschwätz, denn durch die Liberalisierungen des Bankensektors hat die Politik eigenhändig Brandbeschleuniger geworfen. 1929 schrieb Erich Kästner den „Hymnus auf die Bankiers" (aus ›Lärm im Spiegel‹, 1929, lieferbar bei Atrium Verlag Zürich). Was würde der Literat wohl heute sagen? Hat Juncker das nicht gelesen?

Hymnus auf die Bankiers

Der kann sich freuen, der die nicht kennt!
Ihr fragt noch immer: Wen?
Sie borgen sich Geld für fünf Prozent
und leihen es weiter zu zehn.

Sie haben noch nie mit der Wimper gezuckt.
Ihr Herz stand noch niemals still.
Die Differenzen sind ihr Produkt.
(Das kann man verstehn, wie man will.)

Ihr Appetit ist bodenlos.
Sie fressen Gott und die Welt.
Sie säen nicht. Sie ernten bloß.
Sie schwängern ihr eignes Geld.

Sie sind die Hexer in Person
und zaubern aus hohler Hand.
Sie machen Geld am Telefon
und Petroleum aus Sand.

Das Geld wird flüssig. Das Geld wird knapp.
Sie machen das ganz nach Bedarf.
Und schneiden den anderen die Hälse ab.
Papier ist manchmal scharf.

Sie glauben den Regeln der Regeldetri
und glauben nicht recht an Gott.
Sie haben nur eine Sympathie.
Sie lieben das Geld. Und das Geld liebt sie.
(Doch einmal macht jeder Bankrott!)

Anmerkung:
Die Konsumenten sind die linke Hand des gesellschaftlichen
Organismus, die Produzenten sind die rechte Hand.
Die Bankiers sind die Heimlichkeiten zwischen den beiden.

Lobbyismus auf dem Vormarsch
In der Bundesrepublik ist der richtungsweisende Einfluss von Lobbyisten ein Faktum. Die Konzerne schaffen sich mit ihrer Hilfe einen direkten Zugang zur Politik. Schätzungsweise 5000 Lobbyisten sind in Berliner Kanzleien, PR-Agenturen und Unternehmen tätig. Sie umschwirren die Abgeordneten wie Schmeißfliegen, um sie für ihre Interessen zu gewinnen, bleiben für die Öffentlichkeit aber zumeist unsichtbar. Bei vielen umfangreichen Gesetzesvorlagen, wie z.b. der Gesundheitsreform, werden außerparlamentarische Expertengremien mit dem Erarbeiten beauftragt. Im Zuge der Bankenrettung haben die Banker spätere Gesetzesvorlagen gleich selber verfasst. „Am aggressivsten ist die Pharmalobby. Und gar nicht so selten finden sich die Formulierungen der Interessenvertreter eins zu eins in Gesetzesvorlagen wieder" (Rainer Woratschka, Der Tagesspiegel, 2.01.10, S. 2).

Die Abgeordneten bekommen mehrhundertseitige Vorlagen manchmal erst kurz vor dem Verabschieden im Bundestag auf den Tisch geknallt, ihr Einfluss ist in solchen Fällen gleich null und beschränkt sich aufs artige Händchen heben. Ende 2011, nur wenige Stunden vor der Abstimmung zum EU-Rettungsschirm EFSF im Bundestag interviewten Mitarbeiter des ARD-Politmagazins ›monitor‹ einige Abgeordnete: Die meisten von ihnen wussten nicht, mit wieviel Geld der deutsche Staat dabei ist. Dennoch stimmten sie am selben Tag mit „Ja". Es ist unfassbar: „Die Bundesregierung handelt mit der Bankenbranche ein Konzept aus, das dem Staat im Extremfall eine halbe Billion Euro kosten könnte, und es wird so mühelos zum Gesetz, als handelte es sich um die nachrangige Änderung des Abgabenrechts. Während sonst eine Milliarde hin oder her Koalitionskrisen auslöst, stellt hier das Prinzip Pi mal Daumen alle [außer die Linkspartei und wenige Abweichler, d. A.] zufrieden" (Moritz Döbler, Der Tagesspiegel, 18.10.08, S. 1). Am 29. Juni 2012 haben der Bundestag und der Bundesrat jeweils mit der erforderlichen Zweidrittelmehrheit auch dem Dauerrettungsschirm ESM ihren Segen erteilt.

Die beiden Bush-Regierungen machten es vor: Hier saßen die Lobbyisten der Ölindustrie gleich persönlich im Weißen Haus und bestimmten, wohin die Reise ging. „Die Interessen der Bürger sind dabei ... auf der Strecke geblieben. Sie müssten ... von der Politik vertreten werden. Doch die hat ... ihre Hoheit über das eigene Handeln verloren. Die amerikanische Demokratie wurde von der Wirtschaft überwältigt – ein Schicksal, das ... Deutschland in zehn Jahren blühe, ..." (Stefan Kaiser, Der Tagesspiegel, 11.02.08, S. 30).
Tipp zum Weiterlesen: ›Superkapitalismus. Wie die Wirtschaft unsere Demokratie untergräbt‹ von Robert Reich, Campus Verlag.

Wer einmal lügt ...
2003 hielt der damalige US-Außenminister Collin Powell vor der UN einen Anklagebericht zur Lage im Irak und „... hat seine Rede später eine ›Schande‹ genannt; ihm seien viele falsche Informationen hineingeschrieben worden" (Christoph von Marschall, Der Tagesspiegel, 18.11.07, S. 2). Aber fast alle Staatsvertreter haben mitgespielt: „Als im Februar 2003 Collin Powell den Sicherheitsrat von einem Irak-Krieg überzeugen wollte, wurde das Bild vorher verhängt" (Anna Kemper, Der Tagesspiegel, 22.04.07, S. S7). Bei diesem Bild im Vorraum des Sicherheitsrates der UN handelt es sich um eine Kopie des Picasso-Gemäldes ›Guernica‹, ein weltbekanntes Mahnmal für den Frieden: Guernica war die erste Stadt des Planeten Erde, die durch einen Luftangriff ausgelöscht wurde. Dabei testeten die Nazis am 26. April 1937 während des Spanischen Bürgerkriegs die Zerstörungskraft neuer Waffen.

Inzwischen engagieren Regierungen und Konzerne auch PR-Agenturen, um mit raffinierten Lügen Wähler oder Konsumenten zu beeinflussen. Stand die Begründung der amerikanischen Regierung schon für den Vietnamkrieg auf wackeligen Füßen, beim Ersten Irakkrieg (1991) war es ein Jahr später zur Gewissheit geworden: Die gruselige Babymordstory, wonach Iraker beim Einmarsch in Kuwait Neugeborene aus Brutkästen auf den Fußboden geworfen haben sollen, war frei erfunden. Die angebliche Kronzeugin, die Krankenschwester Najirah aus Kuwait-City, entpuppte sich alsbald als die Tochter des kuwaitischen Botschafters in den USA. „Unters Volk gebracht hatte sie [die Lüge, d. A.] die Londoner RP-Agentur Hill & Knowlton, eine der erlesensten und teuersten am Markt. (RS, Blicklicht, Heft 5/2007, S. 16).

Nie waren die weltweiten Militär- und Rüstungsausgaben höher: Auch in Deutschland erlebte die todbringende Industrie einen rasanten Aufschwung und verdoppelte sich in nur einem Jahr (2005/2006). Die EU zusammen lieferte 30 Prozent aller weltweit gehandelten Waffen. Elisabeth Sköns vom Stockholmer Friedensforschungsinstitut Sipri sagt: „... dass durch eine medizinische Grundversorgung Millionen Leben gerettet werden könnten. Dies würde nur einen Bruchteil dessen kosten, was die Welt jährlich für Militärkräfte ausgibt (Der Tagesspiegel, 12.06.07, S. 1). Der Professor und Ex-UN-Sonderberichterstatter für das Recht auf Nahrung, Jean Ziegler, schrieb: „In Heiligendamm haben Wladimir Putin, Angela Merkel, George W. Bush ... und ihre Kollegen versucht, als die Herren der Welt aufzutreten. Ein rührender Versuch, der ans Lächerliche grenzt, sind doch die meisten unter ihnen – selbst wenn sie demokratisch gewählt sind – nichts anderes als Söldner der real herrschenden Konzerne" (Der Tagesspiegel, 27.04.08, S. 8).

Die Regierungen der westlichen Welt sind allesamt nur noch Sachwalter für den totsicheren Untergang des Kapitalismus. Eine ihrer Aufgaben besteht darin, dem Bürger Beruhigungspillen zu verpassen, frei nach dem Motto: Wir haben alles im Griff! Und die Untertanen glauben es ihren Häuptlingen gern, dass alles nicht so schlimm kommen wird. Währenddessen können die Mächtigen weiter prassen und raffen, unseren Erdball ausplündern und damit die Existenz der gesamten Menschheit gefährden. Da bekommen selbst ehemalige Staatsmänner wie Helmut Schmidt, Otto Graf Lambsdorff und Hans Eichel kalte Füße, die gemeinsam mit einem Dutzend ehemaliger Kollegen einen offenen Brief an die EU-Verantwortlichen richteten: „Das Gewinnstreben ist die Essenz einer Marktwirtschaft. Wenn jedoch alles zum Verkauf steht, lösen sich soziale Bindungen auf und das System bricht zusammen ..." (Der Tagesspiegel, 30.05.08, S. 8).

Marxsche Prophezeiungen
Bereits 1867 hat es der Philosph Karl Marx klipp und klar in ›Das Kapital‹ aufgeschrieben: „Mit entsprechendem Profit wird das Kapital kühn. ... Für 100 Prozent stampft es alle menschlichen Gesetze unter seinen Fuß; ... 300 Prozent, und es existiert kein Verbrechen, das es nicht riskiert, selbst auf die Gefahr des Galgens". Es wird oft behauptet, Marx wäre tot – das stimmt, seit fast 130 Jahren. Aber die Verbissenheit, mit der die von Marx aufgestellten wissenschaftlichen Thesen negiert werden, zeigt das Gegenteil. In Großbritannien gilt Karl Marx als der größte Deutsche, noch vor Goethe, Schiller und Einstein! In seiner Geburtsstadt Trier schämt man sich seiner eher. Der Wiener Publizist Robert Misik schreibt: „Marx´ ungebrochene Größe beruht immer noch auf der von ihm geschaffenen Methodik, soziale Prozesse zu verstehen. Es gibt keine bessere Weise, denken zu lernen, als Marx zu lesen ... Wir sollten seine Schüler sein, ... und am Ende zu eigenständigem Denken fähig sein" (Der Tagesspiegel, 9.03.08, S. S7). Fragen Sie mal einen deutschen Gymnasiasten, was er über die wissenschaftliche Arbeit von Deutschlands großem Philosophen auf der Penne gelernt hat.

Was heute Globalisierung heißt, hat Karl Marx vorhergesehen und unter dem Schlagwort Weltmarkt beschrieben. Im Marxschen ›Kommunistischen Manifest‹ von 1848 heißt es: „Das Kapital hat die Bevölkerung agglomeriert, die Produktionsmittel zentralisiert und das Eigentum in wenigen Händen konzentriert. Die Arbeiter, die sich stückweise verkaufen müssen, sind eine Ware wie jeder andere Handelsartikel und daher gleichmäßig allen Wechselfällen der Konkurrenz, allen Schwankungen des Marktes ausgesetzt." Der kritische Geist der CDU, Heiner Geißler, kommentiert es so: „... dieses Zitat ... ist eine hinreichende Beschreibung des jetzigen Weltwirtschafts- und

Finanzsystems, das moralisch krank und auf Dauer nicht konsensfähig ist. ... Wenn die westlichen Staatsfrauen und -männer nicht endlich aufwachen, werden sich die Prophezeiungen von Marx und Engels doch noch erfüllen" (Der Tagesspiegel, 9.03.08, S S7).

Und Deutschland macht mit
Das erste Opfer eines Krieges ist immer die Wahrheit. Die Brutalität und der Schrecken der neuen Kriege bleiben in der Berichterstattung heute zumeist auf Opferzahlen beschränkt. Die Verantwortlichen haben aus dem Vietnamkrieg gelernt, wo freie und unabhängige Reporter viele Fotos über Gräueltaten der US-Soldaten lieferten. Um die Welt ging das Foto, auf dem eine Gruppe grinsender GI's mit den Köpfen enthaupteter Vietnamesen posierte und jenes der Hingemordeten beim Massaker im Dorf My Lai. Diese Bilder haben die Welt aufgerüttelt und trugen zur massiven Protestbewegung gegen den Vietnamkrieg bei. Heute werden die westlichen Medien vor allem mit wohldosierten Fotos und Filmchen von in den US-Truppen „eingebetteten" (embedding) Journalisten versorgt. Das Bild vom sauberen Krieg und einer siegreichen Armee soll nicht getrübt werden: Deshalb ist es US-Soldaten nicht mehr erlaubt, Fotohandys und Kameras dabei zu haben. Renommierte Fotografien, wie der für AP tätige Bilal Hussein, 2005 mit dem Pulitzerpreis ausgezeichnet, geraten mit authentischen Fotos schnell unter den Verdacht, mit den Aufständischen zu sympathisieren und werden schon mal dingfest gemacht.

Bomben für den Frieden? Was ist von Regierungsparteien zu halten, die im Ausland zweifelhafte Militäreinsätze unterstützen, um vorgeblich unsere Freiheit zu verteidigen? Wie soll dies Tausende Kilometer von der Heimat entfernt gelingen, wenn sich die Verantwortlichen hierzulande im Namen unserer Freiheit nicht einmal zu einem NPD-Verbot durchringen können?

In der Meinungsbildungsdebatte um den deutschen Afghanistaneinsatz wurde von der Großen Koalition immer wieder die Aufbauhilfe der Bundeswehr betont. Bleibt die

Frage, warum dann dort die vierfache Summe der Ausgaben für das Militär (400 Millionen Euro), aber nur 100 Millionen Euro für zivile Zwecke zur Verfügung standen. „Jedenfalls berichten Entwicklungshelfer, dass sie sich am besten geschützt fühlen, wenn sie um alle Soldaten einen weiten Bogen machen" (Reinhard Mutz, Der Tagesspiegel, 11.08.07, S. 5). Achim Wohlgetan, ehemaliger Bundeswehrsoldat in Afghanistan, wünschte sich, dass sich viele Heimkehrer zu Wort melden. „Die Berichte über neu gebaute Brunnen und Straßen ... ist er endgültig leid, all diese Geschichten über die Soldaten als Entwicklungshelfer in Uniform. Die Soldaten sind in einem Krieg gelandet und wollen es nicht wahrhaben" (Karsten Kammholz und Peter Müller, Berliner Illustrirte Zeitung, 13.01.08, S 3). Bernhard Gertz, Oberst der Luftwaffe und Chef des Deutschen Bundeswehrverbandes sagte im Interview: „Obendrein haben unsere Verbündeten in einem Ausmaß Zivilisten ins Jenseits gebombt – das ist kontraproduktiv. ... Sie haben gar nichts begriffen! ... Man kann doch nicht mit dem Anspruch antreten, einem Land Demokratie und Menschenrechte zu bringen, und durch das eigene Vorgehen den Menschen täglich vorführen, dass einem die Menschenwürde egal ist" (Der Tagesspiegel, 9.03.07, S. 4).

„... wurden in einer Aktion in Afghanistan hundert Taliban erschossen", vermeldeten die Nachrichten von ›radio eins‹ am Morgen des 28.07.07. Sonst wird in Deutschland immer von Menschen gesprochen – unklar blieb bei dieser Nachricht, wie viele Frauen, Kinder oder Jugendliche sich unter den Ermordeten befanden. Und wer gibt ausländischen Soldaten das Recht, innerhalb weniger Augenblicke über Leben oder Tod zu entscheiden?

„Als Ende Juni innerhalb weniger Tage 100 unbeteiligte Zivilisten bei Nato-Operationen ums Leben kamen, kritisierte Afghanistans Präsident Karsai die Truppe scharf. Die Angriffe seien ›wahllos und ungenau‹ schimpfte er" (Ulrike Scheffer, Der Tagesspiegel, 8.09.07, S. 2). Francois de Keersmaeker, Geschäftsführer von Handicap International Deutschland sagt: „Die Detonation einer Streubombe kann so heftig sein, dass sie einen Körper regelrecht in Stücke reißt" (Der Tagesspiegel, 16.10.07, S. 28). Bei der Invasion 2001 haben die internationalen Truppen etwa 250 000 dieser Waffen eingesetzt, wobei etwa ein Fünftel bis knapp die Hälfte als Blindgänger vom Himmel fielen und heute besonders viele Kinder in den Tod reißen. Eines der Hauptherstellungsländer dieser Waffen ist Deutschland.

Die finanzielle Basis der Taliban in Afghanistan, die Mohnfelder, aus denen neunzig Prozent des Rauschgifts der Welt produziert werden, bleiben seit einem Jahrzehnt beinah unangetastet. „Unter den Augen der ISAF führen ... die afghanischen Drogenbarone die größte Opiumernte seit Beginn des Mohnanbaus ein: 8200 Tonnen, ... der Stoff geht auch ... in Richtung Europa" (Klaus Katzur, Der Tagesspiegel, 10.02.08, S. 18). Der iranische Publizist Bahman Nirumand sagte im Interview: „Heute ist die afghanische Wirtschaft zu 80 Prozent von Drogen abhängig. ... Der afghanische Staat funktioniert nicht. Im Parlament sitzen Mafiabosse und ehemalige Killer. ... Es geht auch nicht um Menschenrechte, es geht um geostrategische Interessen, um Öl, Gas und Absatzmärkte. (chrismon, Heft 1/2008, S 36-39). Bernhard Lucke schrieb in einem Leserbrief: „Nur gut, dass unsere Soldaten in Afghanistan stehen, um den Mädchen dort Lesen und Schreiben beizubringen, und nicht etwa weil es eine Gaspipeline zu sichern gilt ... und nicht etwa mit der Tatsache zu tun hat, dass 20% der Weltbevölkerung 80% der Energiereserven ausbeuten und den Rest der Menschheit gern außen vor lassen wollen" (Blicklicht, Heft 1/08, S. 9).

US-Geologen fanden in Afghanistan „überraschend" riesige Rohstoffvorkommen. Die Vorräte an Lithium, Kupfer, Eisen, Gold, Silber und seltenen Erden sollen etwa 1000 Milliarden Dollar wert sein. Im Juni 2010 schwirrte diese Meldung durch den Mainstream-Blätterwald, gerade zu jener Zeit, als der damalige (Noch)Bundespräsident Horst Köhler darüber schwadronierte, Rohstoffe und Handelswege notfalls auch mit militärischer Gewalt zu sichern. „Der Bundespräsident hat doch die pure Wahrheit gesagt! Ist zwar außergewöhnlich für Politiker und wohl aus Versehen passiert ... Natürlich geht es beim Afghanistan-, Irak- und sonstigen Kriegen einzig und allein um Rohstoffe, ... Handelswege. Wer glaubt, es gehe um Humanität oder Demokratie, glaubt sicher auch noch an den Klapperstorch" (Leserbrief, Der Tagesspiegel, 6.6.10, S. 16).

Bei Kurt Tucholsky findet sich in seiner Denkschrift ›Der Mensch‹: „Der Mensch ist ein nützliches Lebewesen, weil er dazu dient, durch Soldatentod Petroleumaktien in die Höhe zu treiben ..." (Die Weltbühne, 16.06.1931).

Der Vietnamkriegsveteran Lawrence Colburn gestand: Ja, er habe getötet. „Sie bringen dich dazu, es zu tun, in jedem Krieg, es gibt keinen Krieg ohne Opfer, auch wenn sie manchmal so tun. ... Es bleibt nicht viel von einem kleinen Kind, wenn es aus nächster Nähe getroffen wird. ... Niemand denkt daran, dass im Krieg aus normalen Menschen Soziopathen gemacht werden, die nicht mehr alltagstauglich sind." (Der Tagesspiegel, 16.03.08, S. S4/S5).

„Sie starben für uns" steht auf vielen Kriegsgräbern des Zweiten Weltkrieges in Oberfranken. Nein! Dieser Raubzug, organisiert von Nazi-Verbrechern im Auftrag der Hochfinanz, diente ausschließlich der Profitmaximierung. Die deutschen Soldaten gaben ihr Leben für IG Farben, Krupp & Co. Bertolt Brecht schrieb: „Wenn die Oberen vom Frieden reden, weiß das gemeine Volk, daß es Krieg gibt. ... Die Oberen sagen: es geht in den Ruhm. Die Unteren sagen: Es geht ins Grab." Und Erich Kästner riet: „Glaubt nicht, ihr hättet Millionen Feinde. Euer einziger Feind heißt – Krieg".

„Wir hatten ja schon 1939 die Idee der Osterweiterung. Nur unsere Nachbarn wollten nicht so. ... Okay, wir hatten unseren Besuch nicht angekündigt, waren ein bisschen plötzlich dort, da kamen sie sich vielleicht überfallen vor ... Deutschland und die Kriege: Die brechen ja immer aus, da müssen wir hinterher, sie wieder einfangen, aber sie sind schnell, besonders die Blitzkriege! Und vor 70 Jahren, da haben wir ihn nicht wieder einfangen können, wir haben ihn also verloren. Jetzt schauen wir überall auf der Welt nach, ob es unser Krieg ist, den wir da verloren haben, auf dem Balkan, in Afghanistan ..." (Martin Buchholz, Lausitzer Rundschau, 31.03.10, S. 9). Wie grauenvoll: Was vor 20 Jahren noch unmöglich erschien, ist heute greifbar nahe – es könnten alsbald zusätzliche Namen in Steine zu meißeln sein.

Die Angst vor dem Bürger
Die deutschen Politiker haben Angst vor dem eigenen Volk. Weil vorher klar war, dass sich die Mehrheit der Bürger gegen eine Abschaffung der „Deutschen Mark" aussprechen würde, gab es keinen Volksentscheid. Die Mahner behielten Recht: Innerhalb von wenigen Jahren hat sich der Wert des Geldes etwa halbiert. Benzin, Energie, Bekleidung, Lebensmittel, Friseur, Schuster, Restaurant und Herbergen, Bahn- und Busfahrkarten, Wohnungsmieten, Energiekosten, dazu die meisten Zwangsabgaben und -gebühren. Die offizielle jährliche Inflationsrate wird nur mit ein, zwei, selten mit über drei Prozent angegeben. Würde dies der Realität entsprechen, wären die meisten Preise innerhalb von zehn Jahren maximal um 30 Prozent angehoben worden. Es war ein übler Streich, mit der Euroeinführung eine gewaltige Wertabschöpfung vorzunehmen und damit gleichzeitig die Inflation nominal zu verschleiern.

Auch über die EU-Verfassung durften die deutschen EU-Bürger nicht abstimmen. Nach dem Nein der Franzosen und Niederländer hätte das Gesetzeswerk in den Papierkorb gehört. Flugs wurde das Regelwerk umbenannt und ohne jegliches Referendum in den jeweiligen Parlamenten verabschiedet, so auch im Bundestag. Josef Joffe, Herausgeber der ›Zeit‹ sagt dazu: „Hier gibt der Bürger wieder ein Stück Souveränität ab, ohne gelesen oder debattiert zu haben, was in diesen 400 Seiten steht." (Der Tagesspiegel, 28.04.08, S. 1).

Der Kulturwissenschaftler Harald Welzer gab in der ›FAS‹ zehn Empfehlungen, was man sofort tun kann, um die Welt zu retten. Pkt. 6: „Fangen Sie damit an aufzuhören. Hören Sie auf, Europapolitikern zu glauben. Hören Sie erst recht auf, Wirtschaftsforschungsinstituten zu glauben. Und hören Sie um Gottes willen damit auf, sich widerspruchslos erzählen zu lassen, irgendeine Entscheidung sei alternativlos gewesen. So etwas gibt es in Demokratien nicht" (Der Tagesspiegel, 27.12.10, S. 10).

Todbringende EU-Politik
Ex-CDU-Innenminister Schäuble versprach bei einem Besuch in einem Berliner Gymnasium: „Wir machen aus Europa aber keine Festung" (Der Tagesspiegel, 7.05.08, S. 10). Jean Ziegler, Ex-UN-Sonderbeauftragter für das Recht auf Nahrung, schrieb: „Der Zynismus der EU-Kommissare in Brüssel ist bodenlos. Sie fabrizieren den Hunger in Afrika und organisieren .. die Jagd nach Hungerflüchtlingen. Sie haben eine halb geheime Organisation ... die Frontex. ... ist für die ›Verteidigung der Außengrenzen Europas‹ zuständig. Sie verfügt über ... bewaffnete Abfangschiffe, über Kampfhubschrauber ... auch ›Auffanglager‹" (Der Tagesspiegel, 27.04.08, S. 8). Was meinen Sie, was die Europapolitiker unternehmen, falls sich Millionen hungernder Afrikaner plötzlich gemeinsam entschließen, der EU einen Besuch abzustatten?

Die EU ist einer der Hauptschuldigen am afrikanischen Desaster. Internationale Konzerne haben im Pakt mit zuständigen Politikern den afrikanischen Lebensmittelmarkt ruiniert und treiben die arbeitslosen Bewohner in den Hungertod oder auf die lebensgefährliche Flucht gen Norden. Für afrikanische Produkte gibt es in vielen Teilen Afrikas keinen Markt mehr, seitdem dieser von europäischen Lebensmitteln, vor allem wegen der EU-Subventionen, oft zum halben Preis, überschwemmt wird.

Die Treibstoffgewinnung aus Agrarpflanzen wie Mais und Raps trägt kriminelle Züge, solange Menschen verhungern. Jean Ziegler, Ex-UN-Sonderbeauftragter für das Recht auf Nahrung weiß: „Alle fünf Sekunden stirbt ein Kind unter zehn Jahren an Hunger, alle vier Minuten erblindet jemand aufgrund von Vitamin A-Mangel. ... Ein Kind, das an Hunger stirbt, wird ermordet. ... Die wirtschaftliche, soziale und politische Weltordnung, die vom Raubtierkapitalismus errichtet wurde ... muss radikal bekämpft werden" (Der Tagesspiegel, 24.04.08, S. 8).

Auf der Erde sind 850 Millionen von akutem Hunger betroffen – ihnen gegenüber stehen heute etwa 800 Millionen Autofahrer, deren Motoren am Laufen gehalten werden

müssen. „Auf dem aktuellen Stand ihrer Produktionskräfte könnte die internationale Landwirtschaft problemlos zwölf Milliarden Menschen ... versorgen" (Jean Ziegler, Der Tagesspiegel, 8.03.07, S. B1).
Tipp zum Weiterlesen: ›Das Imperium der Schande. Der Kampf gegen Armut und Unterdrückung‹ von Jean Ziegler, Pantheon Verlag.

Die Sieger des Ressourcen-Wettstreits stehen fest. Terroristen werden daher auch in Zukunft weltweit keine Nachwuchssorgen plagen. Die westlichen Industrieländer produzieren durch ein unverantwortliches Handeln täglich neue potentielle Attentäter.

Wissen Sie, was ein Schlammkuchen ist? Auf der Insel Haiti wird dieser von vielen als eine tägliche Hauptmahlzeit verspeist. Algen oder kümmerliche Obst- und Gemüsereste werden mit Schlamm oder Pampe gemixt, zu Fladen geformt und in der Sonne getrocknet. Das Produkt bewirkt eine „Illusion des Essens", es blockiert den Magen und das ärgste Hungergefühl.

Stellen Sie sich jetzt vor, in einer afrikanischen Lehmhütte zu leben, Ihr unterernährtes Kind liegt im Sterben. Sie können nur Steine in heißem Wasser kochen (wie es Tausende andere Mütter täglich tun), damit das verhungernde Kind bei diesem hoffnungsvollen Geräusch einschläft. Am Morgen ist das Kind tot. Einige Tage später kommen westliche Geschäftemacher in Ihre Gegend. Mit dabei haben sie Sat-TV. Auf dem Bildschirm sehen Sie unglaubliches: Weizen und Mais werden verbrannt, um Treibstoff zu gewinnen, in einer anderen Szene landet Brot auf dem Müll. Während der Werbeunterbrechung genießen Hunde leckere saftige Fleischhäppchen, von Frauchen hübsch im Futternapf drapiert. In der nachfolgenden Sendung fährt eine deutsche Tussi mit dem Geländewagen ihres Gatten zum Einkaufen. Der Reporter fragt: „Wie viel Liter auf hundert Kilometer schluckt ihr Wagen?" „Weiß ich nicht, das interessiert mich auch nicht, an der Tanke bezahle ich mit der Kreditkarte meines Mannes", lautet die Antwort. Zudem: „20 Prozent aller Lebensmittel in Deutschland werden weggeworfen" (Pro 7, ›Galileo‹, 2.12.08). Neueste Meldungen sprechen sogar von sage und schreibe 50 Prozent!

Sage später niemand, es war nicht bekannt ...
Obwohl die Mehrheit der Bundesbürger genmanipulierte Nahrung ablehnt, kann niemand sicher sein, dass davon nichts auf dem Teller landet. Das Bundesamt für Verbraucherschutz und Lebensmittelsicherheit (BLV) hat die Maissorte Mon 810 der US-Firma Monsanto als „Gefahr für die Umwelt" bewertet (Der Tagesspiegel 7.12.07, S. 19). Das juckte den damaligen Bundesminister für Landwirtschaft und Verbraucherschutz Horst Seehofer überhaupt nicht: Seit Frühjahr 2008 ist die Aussaat der umstrittenen Maissorte auch in Deutschland erlaubt, wenn ein Sicherheitsabstand von 150 Metern eingehalten wird. Der kanadische Farmer Percy Schmeiser ist einer der Leidtragenden: „... so weiß der Farmer ..., das hilft nicht. ... In Kanada sind die gentechnisch veränderten Pflanzen jetzt überall. Der Wind trägt den Samen des Gentech-Raps ... von Monsanto, Nestlé oder Bayer 200 km weit. Und die gentechnisch veränderten Pflanzen kreuzen sich überall ein" (Elisabeth Meyer-Renschhausen, Blicklicht, Heft 2/08, S. 10). Weil sich das manipulierte Gen so auch ohne jegliches Zutun in herkömmliches Okö-Saatgut einkreuzt, sollte der Bauer Percy an Monsanto Nutzungsgebühren zahlen. Das amerikanische Patentrecht ist so gestrickt, dass jegliches Saatgut, in dem sich das Monsanto-Gen findet, dem Konzern gehört. Und noch etwas lässt aufhorchen: In den USA wurden Schweine steril, die mit gentechnischem Mais gefüttert wurden. Neue Superunkräuter müssen mit neuen Giften bekämpft werden.

Wem gehört die Sonnenblume? 2006 erhielt der US-Konzern Pioneer das Patent vom Europäischen Patentamt in München. Greenpeace-Patentexperte Christoph Then sagt: „Wenn ganz normale Pflanzen wie Sonnenblumen oder Brokkoli zu einer Erfindung erklärt werden, kann in Zukunft jede beliebige Pflanze patentiert werden" (Der Tagesspiegel, 11.07.07, S. 17). Düstere Aussichten für Landwirte und Konsumenten, denn Samen dürfen dann nicht mehr selbst vermehrt und müssen vor jeder Aussaat gekauft werden. Wenn sich die Saatgutmultis durchsetzen, können Ökobauern auch in Deutschland einpacken und allen Verbrauchern bleibt wohl oder übel nichts anderes übrig, als sich an Genfood zu gewöhnen.

Zukunftsaussichten
Für die Nachkriegsgenerationen blieb lange unklar, wieso sich die überwältigende Mehrheit der Eltern und Großeltern ab den 1920er Jahren der wachsenden Gefahr des Nationalsozialismus in Deutschland und Europa nicht bewusst war oder weshalb sie die aufziehenden Gefahren ignorierten, obwohl es deutliche Anzeichen für eine bevorstehende Katastrophe gab. Die Reichstagsabgeordnete Clara Zetkin mahnte die Öffentlichkeit. Der Künstler Johnny Heartfield schuf aufrüttelnde Fotomontagen, welche die Politik entlarvten. Erich Maria Remarque beschrieb in seinem Roman ›Im Westen nichts Neues‹ drastisch das wahre Gesicht eines Krieges. Der Bestseller war bis Anfang 1933 für jedermann erhältlich. Und die KPD warnte auf Wahlplakaten: „Wer Hitler wählt, wählt den Krieg". Es waren damals die gleichen Mechanismen, wie sie heute mit den Gefahren neuer Kriege um Einflussnahme und Rohstoffe einhergehen. Der Einzelne weiß zwar mehr oder weniger Bescheid, sieht sich aber außerstande, den Prozess wesentlich zu beeinflussen. Allein der Alltag stellt die Meisten schon vor gewaltige Probleme, die sich nur mit Mühe bewältigen lassen. Die Politiker werden es schon richten!

Der Journalist und Autor Franz Alt, bekannt als ehemaliger Moderator des ARD-Magazins ›Report‹ schreibt: „Wenn es heute ... eine ökologisch realistische ›Tagesschau‹ geben würde, müssten meine ... Kollegen ... berichten: Auch heute haben wir wieder – 100 Tier- und Pflanzenarten ... ausgerottet – 30 000 Hektar Wüste zusätzlich produziert ... Das machen wir morgen wieder ... und jeden Tag des nächsten Jahres. Sind wir noch zu retten?" (Der Tagesspiegel, 2.09.06, S B1). Kriege um Rohstoffe und Einflussnahmen, eine kapitalistische Gesellschaft der härteren Gangart, Hunger und Elend in vielen

Teilen der Welt, eine Wiedergeburt des Kalten Krieges mit Russland als Feindbild – die Aussichten sind beängstigend. Der Satiriker Georg Schramm antwortete im Interview auf die Frage, was würden Sie tun, wenn Sie noch einmal anfangen könnten: „Dann würde ich Politologie und Volkswirtschaft studieren, und zwar um Alternativen zu dem zu finden, was bei uns passiert. Mir geht der Satz von Heiner Geißler nach, dass sowohl der Sozialismus als auch der Kapitalismus gescheitert sind. ... Ich suche nach Leuten, die mir erklären, wo es real existierende Ansätze gibt, etwas grundsätzlich zu verändern" (chrismon, Heft 4/08, S. 27).

„Auf was das Ganze hinsteuert? ... eine Welt, aufgeteilt nach dem Muster von Bagdad, in grüne und rote Zonen, Gefängnisbereiche für die prekarisierten Arbeiter und Luxussicherheitszonen für die Reichen" (Kathrin Röggla, Der Tagesspiegel, 17.09.07, S. 26). Die Vorzeichen für diese düstere Entwicklung sind auch hierzulande sichtbar. Schon über drei Jahrzehnte bevorzugen die Reichen und Mächtigen ausgewählte Wohngegenden wie Hochtaunus, Hamburger Elbchaussee und Starnberger See, seit der Wende auch das Dresdner Elbtal. Hier sind die Immobilienpreise derart in die Höhe geschnellt, dass deutsche Spitzenverdiener fast unter sich bleiben.

Gibt es für die Welt keine Alternative? Al Gore, US-Ex-Vizepräsident ist sich sicher: „Wenn die Unternehmen entschlossen genug vorgehen, um die enormen Möglichkeiten zu nutzen, die die saubere Energie ... bietet, werden ... neue Arbeitsplätze und Gewinnmöglichkeiten entstehen" (Süddeutsche Zeitung, 6.07.07, S. 11). Der altersweise CDU-Politiker Heiner Geißler sagte: „Attac will die Globalisierung ja nicht rückgängig machen, sondern sie humanisieren und zivilisieren. Das ist die wichtigste Aufgabe, die sich den Demokratien heute stellt" (Der Tagesspiegel, 18.05.07, S. 4). Die US-Autorin Naomi Klein sieht einen Lichtstreif am Horizont: Die lateinamerikanischen Staaten, die sich heute anschicken, einen dritten Weg zu suchen.

Glücksbringer: Partner und Kind(er)

"Es gibt nichts, wofür es sich zu leben lohnt als die Liebe"
(Wim Wenders, Regisseur)

Es fühlt sich anfangs verlockend an, wenn man nach einer beendeten Beziehung nun als Single wieder die Welt erobern kann: Sex mit wem man gerade möchte. Aber anstatt sich, wie in einer festen Beziehung, wann immer man es will, ungezwungen in die Arme seines Liebsten zu kuscheln, muss man erst mal investieren: Zeit und Geld für die Suche und den zumeist reichlichen Alkohol an der Bar. Das alles, nur um am nächsten Morgen bei Tageslicht verkatert festzustellen, dass der Bettnachbar wieder nur eine peinliche Verlegenheitslösung war, um das persönliche Lustzentrum zu befriedigen. Einsamkeit und Selbsttäuschung bleiben ständige Begleiter, denn für die Liebe zweier Partner gibt es keinen Ersatz. Daher sehnt sich auch der Single alsbald wieder nach Nähe und Zärtlichkeit einer festen Paarbeziehung. Aber das sture Warten oder Festlegen auf den vermeintlichen Märchenprinzen oder die -prinzessin führt in eine Sackgasse. Das kann bedeuten, dass man über die Jahre gar keinen festen Partner abbekommt. Über die Hälfte aller alleinstehenden Frauen wünscht sich einen Architekten, Arzt oder Unternehmer. Bei Männern stehen Ärztinnen und Unternehmerinnen ganz oben in der Gunst, wenn es um eine Frau fürs Leben geht. Das riecht nach Geld und einer erhofften Teilhabe an Statussymbolen der Wohlstandsgesellschaft, weniger nach einem Sehnen nach Liebe und seelischer Geborgenheit.

Trauen Sie sich, bedenken Sie aber den Rat von Friedrich Schiller: „Drum prüfe, wer sich ewig bindet, ob sich das Herz zum Herzen findet! Der Wahn ist kurz, die Reu ist lang." Hübscher formulierte es Kurt Tucholsky: „Liebe ist, wenn sie Dir die Krümel aus dem Bett macht." Etwa tausend Paare geben sich in Deutschland täglich das Ja-Wort, davon sind gut 500 Ehen dauerhaft. Ein verheirateter Mann lebt im

Durchschnitt sieben Jahre länger als ein Single, fest gebundene Frauen kommen immerhin noch auf zwei Jahre Lebensgewinn! Partner und Kinder erweisen sich langfristig als die stabilsten Pfeiler für ein glückliches und sinnerfülltes Leben. Das Bezaubernde an einer beständigen Liebe sind das gegenseitige Vertrauen und das Füreinanderdasein. Beides gibt einem die Sicherheit, die man braucht, wenn das Leben einem böse mitspielt.

Eine glückliche Partnerschaft beruht auf dem Schemelprinzip: Dafür bedarf es einigermaßen befriedigendem Sex, gegenseitiger Bewunderung, gemeinsamer Kommunikation und dem Teilen gleicher Interessen. Je mehr Übereinstimmungen sich im Wertegefüge zeigen, desto stabiler ist die Ehe oder Partnerschaft. „Der Satz ›Gegensätze ziehen sich an‹ trifft für Liebesglück fast nie zu. Ähnlichkeiten ziehen sich an, ohne das Gleichmacherei herrscht. ... 80 Prozent der Menschen verhalten sich weltweit danach ... Die allermeisten Partner sind ähnlich alt, der Mann im Durchschnitt drei Jahre älter." (Manfred Mischke, Ostseezeitung, 15.12.07, Beilage IV).

Auf die Frage „Welche Liebe macht Sie glücklich?" antwortet der erfolgreiche Autor Martin Suter: „Die Liebe zu meiner Frau ist eine sehr bewährte, wir kennen uns seit 35 Jahren. Das muss man schon wollen. Es braucht eine gewisse Einstellung zum Leben, man darf nicht jede Sekunde denken, man würde etwas verpassen. Man muss irgendwann sagen: Das ist eine Entscheidung, und dabei bleibe ich" (chrismon 05/2010, S. 30).

Der Reiseschriftsteller Helge Timmerberg sagt: „Es gibt Beziehungen, die keine sein sollten, weil sie nicht funktionieren. Weil da zwei ... sind, die gegensätzliche Bedürfnisse haben. Die Katze braucht das Alleinsein, das Schwein ... ständig Gesellschaft. Solche Beziehungsmodelle ... sind ... Unfälle. Da sollte man sich besser trennen" (Der Tagesspiegel, 11.07.07, S.21).

Tipp zum Weiterlesen: ›Die Liebe und wie sich Leidenschaft erklärt‹ von Bas Kast, S. Fischer Verlag.

Sex – ein Wundermittel?
Uschi Obermaier, Ende der1960er Jahre deutsches Sexsymbol, sagte im Interview: „Und wenn ich guten Sex habe, liebe ich die ganze Welt und will ihr etwas zurückgeben ... Sex ist für mich eine der höchsten Daseinsformen" (Der Tagesspiegel, 14.01.07, S. S1). Wissenschaftler stützen diese These, denn sie haben erstaunliches herausgefunden: Häufiger Sex, etwa zwei Mal wöchentlich, hilft das Leben zu verlängern. Männer trainieren damit das Herz-Kreislaufsystem und erleiden weniger Infarkte als Sexmuffel. Bei Frauen balanciert das Sperma die weiblichen Hormone aus und verscheucht Depressionen. Beide Geschlechter stärken beim Sex ihre Immunabwehr. So können die Liebenden im Ernstfall auch viele Krankheiten effektiver bekämpfen als einsame Menschen. Sex hilft auf dem Weg zu einer guten Figur und zu einem strahlenden Aussehen, denn beim Akt werden viele Muskeln trainiert und die ausgeschütteten Hormone leisten ganze Arbeit: Bei der Frau verbessern sich Hautbild und Haarpracht, beim Mann werden die Knochen gestärkt. Bei den Herren sinkt das Risiko, später an Prostatakrebs zu erkranken, denn beim Orgasmus verflüchtigen sich krebserregende Stoffe, die sich bei Enthaltsamkeit in der Samenflüssigkeit bilden können.

Kinder, Kinder
Viele lange Alleinstehende glaubten, ihre verantwortungsvolle Arbeit wäre die größte Aufgabe, die ihnen das Leben stellt: Aber wenn sie einen lieben Partner gefunden haben und Kinder zur Welt kommen, dann verschieben sich die Werte. Plötzlich muss man nicht mehr um jeden Preis Karriere machen. Wenn Männer Väter werden und in einer beglückenden Partnerschaft leben, dann passiert etwas wunderbares: „Obwohl Östrogene gemeinhin als weibliche Geschlechtshormone gelten, kommen sie in kleinen Mengen auch im männlichen Körper vor und lösen bemutterndes Verhalten aus" (Jörg Blech, Der Spiegel, 51/2007, S. 155). Das Ergebnis der Evolution stärkt die Gesundheit des Vaters und die Überlebenschancen des Säuglings. Studien haben

herausgefunden, dass es einen bemerkenswerten Zusammenhang zwischen der sexuellen Aktivität und erfülltem Kinderwunsch gibt. So weiß Professor Kurt Starke: „...es ist überhaupt nicht so, dass Muttis und Vatis sexuell inaktiver seien als der Durchschnitt, sondern ganz im Gegenteil, aktiver ..." (›Liebte der Osten anders?‹, ARD, 27.11.06).

Ex-Bundesminister Seehofer wurde mit Häme überhäuft, als bekannt wurde, dass er im außerehelichen Verkehr ein Kind gezeugt hatte. Das Geschrei in den Gazetten war unerträglich. Ehrlicherweise verdiente er dafür einen Orden! Schließlich schenkte der Minister unserem Land einen neuen Steuerzahler und beteiligte sich so aktiv an der Lösung der demographischen Krise. Endlich mal ein Politiker, der nicht nur labert. Und darben muss der neue Erdenbürger auch nicht: Die Diäten und Zulagen unserer Politiker sind üppig bemessen, so dass der Zaster für mehrere Kinder bis zur Volljährigkeit reichen sollte. Stellen Sie sich vor, es ginge in Deutschland zu wie unter dem Sachsenkönig August dem II. (dem Starken). Über 300 Kinder hat der Regent angeblich gezeugt. Genial: Jeder männliche Berufspolitiker macht eben so viele Kinder und die Zukunft Deutschlands sähe rosiger aus.

Viele Frauen bleiben kinderlos, weil die Familiengründung immer weiter nach hinten verschoben wird. 30 Jahre ist das mittlere Alter für die erste Geburt in den alten Bundesländern, die Hälfte aller Frauen ist zu diesem Zeitpunkt noch kinderlos. Noch in den 1960er Jahren bekamen Frauen hierzulande im Durchschnittsalter von 23 ihr erstes Kind. Jetzt gibt es einen Trend zum Baby erst in den Lebensjahren jenseits der 40. Damit steigt aber das Risiko, kinderlos zu bleiben, die biologische Uhr für eine erfolgreiche Befruchtung läuft langsam ab. In Deutschland kursiert eine seltsame Meinung: Bis 35 erscheint es als ein großes Risiko, ein Kind zu kriegen, ab 35 ist es eins, dass man nicht schon längst eins bekommen hat. Eine Familie zu gründen, heißt, eine Einscheidung zu fällen. Und genau vor diesem Entschluss scheuen sich viele Partner. Die Autorin Claudia Rusch formuliert es so: „Doch mit zunehmendem Alter wird das Einlassen auf neue Lebensgefährten immer verzwickter. Ohne den unbedarften Eifer der Jugend ähneln Beziehungsanbahnungen zunehmend Tarifverhandlungen. Alles will gründlich im Vorfeld erwogen sein. Bloß keine Unwägbarkeiten und Risiken zulassen ... Kinder kommen immer ungelegen ... manchmal frage ich mich, ob es mir nicht geholfen hätte, einfach ins kalte Mutterschaftswasser geworfen zu werden. ..." (chrismon, Heft 9/2006, S. 23).

Den geeigneten Zeitpunkt für ein Kind gibt es nicht. Die geringe Ausstattung von Krippen in Westdeutschland bedingt oft eine jahrelange berufliche Auszeit, wovor insbesondere viele erfolgreiche Frauen zurückschrecken. Ein fester Partner, mit dem sich die Arbeit teilen lässt, eine Krippe für Kinder unter drei Jahren (in Ostdeutschland fast flächendeckend vorhanden), Kita, Babysitter, Oma und Opa sowie ein aufgeschlossener Chef, der über flexible Arbeitszeiten mit sich reden lässt, sind die Joker für das Vereinbaren von Beruf und Familie.

„Solange die Männer nicht endlich die Hälfte der häuslichen Arbeit übernehmen, werden die Geburtenraten weiter fallen. Heute wird von uns allen verlangt, dass wir zehn Stunden am Tag arbeiten. Viele reagieren nur noch auf die äußeren Anforderungen. Die Antwort darauf ist oft, sich innerhalb der Familie zu vereinzeln: Jeder macht sein eigenes Ding. Frauen tauschen sich dann mehr mit ihren Freundinnen aus als mit ihrem Ehemann", meint die Regisseurin und Schauspielerin Nicolette Krebitz (Lufthansa Magazin 12/07, S. 54). Ihre Filmkollegin Andrea Sawatzki antwortet im Interview auf die Frage, was Erwachsene von Kindern lernen können: „Das Leben zu genießen. Und eine gewisse Sorglosigkeit ... Lachen kann man lernen ... Man wird wieder zurückgeführt, wird viel verletzlicher und weicher" (chrismon, Heft 2/2007, S. 29). Der Nachwuchs trägt auch viel dazu bei, dass Eltern geistig fit bleiben. Kinder stellen immerzu Fragen und haben ihre eigene Sicht auf die Welt. Sie bevorzugen Autoren oder schauen Filme, die den Erwachsenen ohne Kindern oft verborgen bleiben, weil die Anregungen fehlen.

Kinder und Jugendliche konfrontieren ihre Erzieher permanent mit neuen Techniken: „Wer diese Welt nicht versteht, wer sich keinen Eintritt in sie verschaffen kann oder will, wer ihre Geräte fremdartig oder bedrohlich findet, der wird zu den Alten gehören" (Ursula Weidenfeld, Der Tagesspiegel, 4.09.07, S. 8).

Paare, die Kindern das Leben schenken, sollten ihnen einiges mit auf den Weg geben, darunter Liebesfähigkeit, Kochen, den Umgang mit Nahrungsmitteln und vor allem die richtige Auswahl, die Liebe zur Natur, das Lesen und den sparsamen Umgang mit Geld. „Alles weitere kommt dann ganz von allein", wie eine Studienfreundin und heute Mutter mit erwachsenen Kindern schrieb.

Kind oder Hund?
Währenddessen die Öffentlichkeit immer häufiger von Meldungen über vernachlässigte Kinder oder gar getötete Säuglinge aufgeschreckt wird, nimmt der Kult um Hunde in Deutschland beängstigende Formen an. Immer mehr junge Frauen und Paare führen ein Hündchen an der Leine, statt einen Kinderwagen zu kutschieren. Zeit für eigenen Nachwuchs haben sie angeblich nicht. Die Entscheidung für ein Kind erscheint vielen zu absolut und langfristig unberechenbar. Während die Kosten für den Köter über die Jahre annähernd gleich bleiben, explodieren sie für den Unterhalt eines jungen Erdenbürgers. Beim Hund können Paare auch in Zukunft voraussetzen, dass er nicht als Neonazi die Nachbarn erschreckt und Ausländer verprügelt, Amok läuft und seine Mitschüler oder Lehrer killt, die Familienkarosse an den Baum setzt oder sich auf kriminellem Wege das Geld für Drogen beschaffen muss. Der Trend hin zum Hund schwappt aus den USA herüber, wo das oberste Prozent der Haustiere ein komfortableres Dasein führt als 99 Prozent der Weltbevölkerung. Und so steht zu befürchten, dass auch hierzulande bald Hunde-Dating, Hundspielgruppen und Hundepsychotherapie boomen und Versandhauskataloge auch Aknesalbe für den Dackel, Hundesitze fürs Auto, Doggles (Sonnenbrillen) und Zahnweiß für Hunde ins

Sortiment aufnehmen. Und Bello wird bei mangelnder Bewegung vor dem vorzeitigem Ableben bewahrt, wenn es sich Frauchen/Herrchen leisten kann, die Dienste eines Hundeherzspezialisten in Anspruch zu nehmen.

„Eine neue Katzen-Niere für 15 000 Euro, die Chemo- und Strahlentherapie für einen krebskranken Hund liegt bei etwa 18 000 Euro, das neue Hüftgelenk aus Titan ist mit bis zu 5000 Euro ist dagegen fast schon ein Sonderangebot, und angesichts solcher Aufwendungen erscheinen die Kosten für die anschließende Physiotherapie geradezu nebensächlich. Augenlinsen? Bandscheibenoperationen? Künstliche Gelenke? Es gibt so gut wie nichts, was die Ärzteschaft im Operationssaal eines guten Krankenhauses in Angriff nimmt und was nicht Veterinärmediziner in Tierkliniken ebenso fertigbringen" (Hightech-Medizin lässt Haustiere steinalt werden, hartgeld.com, 20.11.11). Der Kommentator meint dazu: „Aber die Zeit wird kommen, wo sie ihre Haustiere aus Hunger aufessen werden – bitte nicht die krebskranken Hunde".

Was sich in dieser Beziehung für Abnormitäten und Ungeheuerlichkeiten entwickelt haben, beschreibt auch Doris Dörrie urkomisch-tragisch in ihrem Roman ›All inklusive‹ (Diogenes Verlag 2011) am Schicksal einer geschiedenen Frau und ihrem kränkelnden Mops.

Eine gute Kombination sind Kind(er) & Hund. Beim Vierbeiner sollte es selbstredend eine sanfte Rasse sein. So haben beide was davon: Das Kind lernt die Liebe zur Kreatur, vielleicht auch einige kleine Pflichten, wie Gassigehen, spielerisch. Der Hund bekommt die Aufmerksamkeit und Krauleinheiten, die er braucht, um auch glücklich zu sein.

Zu zweit mehr Geld in der Tasche
Leben mindestens zwei unter einem Dach, wird das Leben oft günstiger und einfacher. Man spart viel Geld, denn man braucht nur eine Miete zu zahlen, einen Herd, einen Kühlschrank, eine Waschmaschine und damit auch entsprechend weniger Strom. Zu den angenehmsten Extras einer Ehe oder Partnerschaft zählt die Arbeitsteilung. Ein

Single muss sich zwangsweise um alles umfassend selber kümmern und kann mitunter daran verzweifeln. Tun sich zwei zusammen, stehen die Chancen für mehr Lebensfreude besser. Der Eine kümmert sich um die Wäsche, der Andere um die Pflege der Fahrräder, der Schuhe und den Einkauf. Einer behält die Übersicht bei den Finanzen und Versicherungen, währenddessen der Andere die Reparaturen im Haushalt übernimmt. Gemeinsam ist man stark und schafft sich häufiger Freiräume für die schönen Momente im Leben.

Die neueste Erfindung für Alleinstehende sind Kuschelpartys, 2004 in der Welthauptstadt New York erfunden. Über elf Millionen Singles leben in Deutschland. Die können jetzt in Großstädten wie Berlin für etwa 13 Euro die Stunde Zärtlichkeiten nach festen Regeln austauschen. Ausziehen und Sex sind dabei aber tabu. Nun rechnen Sie mal hoch, wie viel Zeit Sie wöchentlich mit ihrem Partner kuscheln, wie viel Geld Sie dabei sparen und es für andere schöne gemeinsame Unternehmungen verwenden können.

Glücksvorsorge: Gesundes Essen

„Du bist was du isst" (Volksweisheit)

Essen ist eine der schönsten Hauptsachen der Welt. Essen gilt auch als der „Sex des Alters". Stellen Sie sich vor, Sie haben den ganzen Tag gerackert. Das Essen in der Kantine war wieder mal furchtbar. Sie kommen nach Hause und es duftet nach feinen Kräutern: Ihr Partner hat Ihnen einen leckeren Gemüseauflauf zubereitet, neben dem Teller steht ein Glas guter Wein oder frisch gepresster Apfelsaft – so kann sich Glück auch anfühlen. Täglich essen wir drei- bis viermal. Das sind rund 1400 Mahlzeiten im Jahr und gut 112 000 Portionen in einem 80jährigen Leben. Jeden Monat verspeisen wir in der Menge etwa unser eigenes Gewicht. Man muss in Deutschland nur mal zehn Minuten in einem Freibad, in einer Schwimmhalle, am Strand, in der Sauna oder Therme in die Runde schauen: Dann weiß man, wie es um die Ernährung eines großen Teils der Bevölkerung steht. „37 Millionen Erwachsene und zwei Millionen Kinder sind übergewichtig oder fettleibig – 15 Prozent der Kinder, zwei Drittel der Männer und 53 Prozent der Frauen. Tendenz steigend" (Rainer Woratschka, Der Tagesspiegel, 10.05.07, S. 2).
Aber trotz aller Aufklärung nimmt die unheilvolle Entwicklung weiter an Fahrt auf: „Bei den Kindern, Jugendlichen und jungen Erwachsenen in Deutschland ist ... etwa jeder fünfte übergewichtig, rund jeder zwanzigste ist sogar fettleibig. Bei den Menschen über 20 Jahren ist der Anteil der Deutschen mit zu hohem BMI noch größer. So sind laut der Untersuchung hierzulande rund 64 Prozent dieser Männer und 49 Prozent dieser Frauen übergewichtig" (huffingtonpost.de, 29.05.14).

Für die Betroffenen heißt das, sie leben mit einem hohen Risiko, an Diabetes, Herzinfarkt, Schlaganfall, Krebs in verschiedenen Abarten oder Gelenkschäden zu erkranken. Viele motorisierte Zeitgenossen stopfen sich ungesundes Essen tagtäglich aus Döner-, Drive-In-, Imbiss- oder

Wurstbuden rein. Aber wer von denen würde sein geliebtes Auto jemals in eine Bude zur Reparatur schaffen? Fast-Food-Esser sitzen in der Regel 20 bis 30 Minuten am Tisch. Der japanische Ernährungssoziologe Tadashi Ogawa schreibt dazu: „Der Zweck des Essens liegt in seinem Verfahrensende. Der Gast isst, wie ein Pferd aus dem Eimer frisst" (Der Tagesspiegel, 19.03.07, S. S6). Der neueste Trend ist neben dem Trinken (coffee-to-go) auch das Essen im Gehen.

Bei vielen Jungen und Mädchen greift mit dem Schlankheitswahn eine entgegengesetzte Seuche um sich. Die Teenager sehen ihre Vorbilder in der Fernsehwerbung oder auf dem Laufsteg und wollen ihren Idolen gleichen. Es beginnt unspektakulär mit dem Weglassen bestimmter Lebensmittel und endet schon bei gut einem Fünftel der 11 bis 17jährigen Jugendlichen mit krankhaften Essstörungen wie Magersucht, Ess-Brech-Sucht (Bulimie) oder Heißhungeranfällen. „Jeder zehnte Betroffene sterbe an den Folgen der Magersucht" (Ute Zauft, Der Tagesspiegel, 14.12.07, S. 36). Dabei liegt das Geheimnis einer adretten Figur neben sportlicher Betätigung vor allem in regelmäßiger, abwechslungsreicher und gesunder Ernährung. „Von 20 Abnehmwilligen schafft es im Durchschnitt nur einer, die schlanke Linie wenigstens über einige Jahre zu halten. ... obwohl man allenthalben mit gutem Rat ... überschwemmt wird. Hunderte von Ernährungsratgebern weisen den Weg, ..." (Birgit Herden, Die Zeit, 22.03.07, S. 45).

Andreas Pfeiffer, Ernährungsexperte an der Berliner Uniklinik Charité weiß: „Unser Stoffwechsel funktioniert noch immer wie in der Steinzeit. Der Körper ist auf die Bekämpfung des Mangels programmiert, nicht auf Überfluss. Jede Kalorie wird festgehalten" (Der Tagesspiegel, 14.04.08, S. 25). „Wenn man sich nicht bewegt, muss man sich nicht wundern, wenn man nicht verstoffwechselt" (Doris Dörrie, ›Klimawechsel‹, ZDF-Serie Teil 2).

Gefährliche Nahrung
Dass hoher Zuckerkonsum fett macht, ist bekannt. Ebenso hoch ist die Gefahr, deshalb im Alter an

Bauchspeicheldrüsenkrebs zu erkranken. „Das größte Risiko besteht laut Studie durch gesüßte Sprudelgetränke. Personen, die angaben, diese mindestens zweimal am Tag zu konsumieren, hatten gegenüber Versuchspersonen, die keine gesüßten Sprudelgetränke zu sich nahmen, ein 90 Prozent höheres Risiko für einen Pankreastumor. Probanden, die mindestens fünfmal täglich einem Getränk (z.B. Kaffee) Zucker zusetzten, zeigten ein um 70 Prozent höheres Risiko als solche, die dies nicht taten" (›Krebsmagazin‹, Heft 18, Kurzmitteilungen, Februar 2007, S. 17).

„Wer regelmäßig Limonaden und andere stark zuckerhaltige Getränke genießt, erhöht sein Risiko für gravierende Stoffwechselkrankheiten wie die Zuckerkrankheit Diabetes mellitus" (wsa, Der Tagesspiegel, 28.10.10, S. 29). Von wegen harmlose Durstlöscher: „Eine aktuelle Studie stellt die Softdrinks nun auch unter den Verdacht, das Risiko für ... Krebs der Bauchspeicheldrüse zu erhöhen" (Der Tagesspiegel, 10.02.10, S. 28). Energieriegel und Fitnessgetränke bewirken das Gegenteil des eigentlich erwünschten Effekts – sie machen fett! Hans Braun, Ernährungswissenschaftler, sagt: „Man unterschätzt die Energiebilanz von Riegeln und Sportgetränken. Sie sind nichts anderes als verdünnte Limonaden" (Der Tagesspiegel, 22.03.10, S. 14).

Aber selbst bei Mineralwasser ist man nicht auf der sicheren Seite. Toxikologen fanden in 12 von 20 getesteten Proben östrogen-aktive Substanzen. „Wir mussten feststellen, dass Mineralwasser hormonell betrachtet in etwa die Qualität von Kläranlagenwasser aufweist", schreibt der Biologe Martin Wagner von Frankfurter Goethe Universität. Die Ursache liegt zum überwiegenden Teil in der Verpackung. Prof. Karin Michels sagt: „Wir haben herausgefunden, dass bereits das Trinken kalter Getränke aus Polycarbonatflaschen für nur eine Woche die Urinspiegel von Bisphenol A um mehr als zwei Drittel erhöht" (›Das Neueste aus der Medizin 2010/2011‹, S. 64 und S. 67, ADAC Verlag GmbH München).

Durch Sonnenlicht und Wärme wird aus der PET-Flasche Weichmacher ausgeschwemmt. Das merkt man, auch ohne

Labor, an dem leicht bitteren Kunststoffgeschmack, den das Wasser nach einiger Zeit annimmt.

Trinkwasser aus der Leitung zählt in Deutschland zu den am besten kontrollierten Lebensmitteln. Nur in wenigen Gegenden gibt es Probleme. Daher ist das Wassertrinken aus dem Hahn nicht nur eine sehr preiswerte Alternative zum Konsum aus der Flasche, sondern auch gesund. Sie können das Trinkwasser durch Energetisieren aufwerten. Diesen Effekt erreichen Sie mit Edelsteinen, so z.b. Achat, Ametyst, Bergkristall, Rosenquarz und Roter Jaspis. Die Steine kommen zusammen mit dem Leitungswasser in eine Glaskanne. Diese ist ein hübscher Hingucker in der Küche. Damit sich keine Keime bilden, muss man die Steine öfters abkochen, etwa wöchentlich, und die Kanne gründlich säubern.

Statt mit natürlichem Salz als Elixier des Lebens zu würzen, verwendet man heute fast ausschließlich Kochsalz in der Küche. Das natürliche Steinsalz dient dafür zwar als Rohstoff, doch dieser wird durch Raffinationsprozesse fast aller lebenswichtigen Elemente beraubt, so dass am Ende fast ein Körpergift aus Natriumchlorid mit keinerlei Nährwert entsteht. Auch Meersalz wird heute meist raffiniert und so seiner für den Menschen wohltuenden biologischen Wertigkeit beraubt. Industrielle Nahrungsmittel (Buch- und Webautor Michael Mross von mmnews.de charakterisiert sie als „Totmittel") führen dem Körper mehr Salz zu, als dieser physiologisch verarbeiten kann. Die Konsequenzen: Wasserspeicherung im Bindegewebe, Förderung von Gallen- und Nierensteinen, Ungleichgewicht der osmatischen Verhältnisse, Belastung von Herz- und Kreislauf, zusätzlich wird das Herausschwemmen anderer lebenswichtiger Elemente gefördert und so Mangelerscheinungen im Mineral- und Spurenelementehaushalt hervorgerufen. Bundesbürger nehmen mit dem Essen täglich etwa 15 Gramm Kochsalz auf. Die Nieren können davon aber nur die Hälfte verarbeiten und zum Ausscheiden vorbereiten. Der übrige Teil muss neutralisiert, kristallisiert oder im Zellzwischengewebe deponiert werden. Für das Unschädlichmachen von einem

Gramm Kochsalz benötigt der Körper das 23-fache an Zellwasser. Bei hohem Kochsalzkonsum können die Salzreste nicht komplett neutralisiert werden, weshalb der Mensch dehydriert. Das schädliche Salz verbindet sich mit Eiweißbausteinen und lagert sich im Gewebe, an Knochen und in Gelenken an. Die einfache und beste Alternative: Kochsalz aus der Küche verbannen und durch hochwertiges Kristallsalz ersetzen (siehe: Noch mehr Gesundheit auf den Tisch, eine kleine Auswahl).

Glutamat, eine Aminosäure und Eiweißbestandteil, ist heute fast in jeder industriell gefertigten Nahrung enthalten. Für die Massenproduzenten ist Glutamat profitabel, weil man damit teure Rohstoffe spart und fehlende Vollmundigkeit vortäuschen kann. Kritiker meinen, das weiße unscheinbare Pulver wäre für einen großen Teil unserer Zivilisationskrankheiten verantwortlich. John Olney, Professor für Neuropsycho-Pharmakologie an der Washington Universität in St. Louis „... entdeckte, dass Glutamat bei Mäusebabys kleine Hohlräume bzw. Verletzungen (sog. Läsionen) primär in den Hirnregionen verursachte" (Vegetarisch genießen, Heft 1/2007, S. 42). Als gesichert gilt die appetitfördernde Wirkung von Glutamat. Fast überall drin, wird daher mehr gegessen als nötig wäre. Glutamat versteckt sich hinter vielen Namen: Glutaminsäure (E 620), Natriumglutamat (E 621), Kaliumglutamat (E 622), Calciumglutamat (E 623), Magnesiumglutamat (E 624), Ammoniumglutamat (E 625) aber auch in weniger gereinigter Form im Brühwürfel und der gekörnten Brühe, in Hefeextrakt, im fermentierten Weizen, in Speise- und Sojawürze oder einfach in der Würze. Wer das unheimliche Zeug meiden möchte, muss selber kochen, mit Kräutern oder rein pflanzlichen Würzmischungen abschmecken, die es in jedem Reformhaus gibt. Würzen ist eine Kunst, die es zu erlernen gilt. Experimentieren Sie, versuchen Sie immer neue Variationen auszuprobieren und es wird sich Ihnen eine völlig neue Geruchs- und Geschmackswelt eröffnen.

Die „modernen" Lebensmittel besitzen übermäßig viel Weißmehl, gehärtetes oder gesättigtes Fett, sogenannte

Transfettsäuren (pflanzliche Fette, künstlich mit Wasserstoff konzentriert, damit sie länger haltbar sind), viel tierisches Eiweiß sowie eine Menge künstlicher Zusatzstoffe (Antioxidationsmittel, Emulgatoren, Farbstoffe, Geschmacksverstärker, Glutamat, Konservierungsstoffe, Säureregulatoren, Stabilisatoren, Süßstoffe, Verdickungsmittel ...). Was davon wirklich unbedenklich oder gefährlich ist, das weiß kaum noch ein Verbraucher. „E" steht für Europa – die Gefahren von wenigen Farbstoffen kurz zusammengefasst: „Chinolingelb (E 104) ist ein gelber Farbstoff, der in den USA verboten ist, steht unter Krebsverdacht. Sunsetgelb FCF (E 110), der orange färbt, sowie das rote Amaranth (E 123) hatten bei Tierversuchen Nierentumore erzeugt ... das Grün S (E 142) steht im Verdacht, Morbus Alzheimer zu begünstigen (Martina Hahn, Sächsische Zeitung, 30.07.10, S. 27).

Manche als besonders gesund ausgewiesene Designer-Lebensmittel haben sich inzwischen als Krankmacher herausgestellt, im günstigsten Fall bleiben sie nur wirkungslos, aber das Portemonnaie belasten sie mehr als herkömmliche Produkte. Industrienahrung erleidet durch lange Transportwege oder durch Konservieren oft einen Verlust an wichtigen Inhaltsstoffen. Eine neue Gefahr erwächst allen Beruhigungsversuchen der Konzerne und Politik zum Trotz aus der Genmanipulation. Investieren Sie in Ihre Gesundheit: Das geht am besten, indem Sie möglichst natürliche Lebensmittel bevorzugen. „Die meisten günstigen Sachen in den Lebensmittelgeschäften sind schlichtweg Müll. Sich „typisch amerikanisch" zu ernähren, führt direkt zu Krebs, Herzinfarkt und Diabetes" (propagandafront.de, 24.06.11). Der Stuttgarter Sternekoch Vincent Klink setzt noch eins drauf: „Der Staat und die Industrie wollen den lenkbaren Deppen" (Der Tagesspiegel, 26.04.09, S. S6). Gourmetkoch Oliver Heilmeyer aus dem Spreewälder Hotel ›Zur Bleiche‹ sagt: „Das meiste, was es in Supermärkten gibt, ist allerdings kein Lebensmittel mehr, weil es industriell gefertigt ist. ... Nicht gesund ist für mich jede industriell gefertigte Speise. Wenn ich diese ... weglasse, bin ich schon einen großen

Schritt weiter. ... Es gibt eine Statistik, dass nicht mal vier Prozent aller Kochshowgucker selbst kochen. Wir müssten uns ja bewegen, müssten selbst kochen, müssten selbst schnippeln" (Lausitz am Sonntag, 7.03.10, S. 4). Oft scheitern gute Vorsätze für eine gesündere Ernährung an mangelnder Zeit. Oder anders herum: am Hirngespinst, keine Zeit zu haben. Die wohl beliebteste Fernsehköchin Sarah Wiener weiß: „Natürlich kostet Kochen Zeit! DVD's anschauen übrigens auch. Wir alle hätten oft die Zeit zu kochen, uns sind aber andere Dinge wichtiger" (›TK aktuell‹ Heft 1/2010, S. 15).

Dabei gilt die vom Nahrungsexperten Michael Pollan von der Berkeley-Universität in San Francisco aufgestellte Faustregel: „Iss nichts, was deine Oma nicht als Essen erkannt hätte" (Der Tagesspiegel, 7.04.07, S. 23). Frische geht immer vor. Apfel, Banane, Möhre und Tomate statt Chips und Dosenfraß.

„Wenn die Oma früher Hühnersuppe kochte, dann kam ein Suppenhuhn in den Topf. Heute lässt sich mit einem solchen Huhn eine komplette Kleinstadt versorgen. Denn Firmen wie Real holen aus einem Huhn unglaubliche 5 000 Liter Suppe raus, ... Die Hühnersuppe der Real-Billigmarke Tip nämlich enthält gerade mal 0,1 Prozent Hühnerfleisch. Pro Portion macht das 0,023 Gramm. Dass die Brühe dann trotzdem noch an Huhn erinnert, dafür sorgen Hefeextrakt und Würze. „Kein Einzelfall", sagt Silke Schwartau von der Verbraucherzentrale Hamburg" (sz-online.de, 13.08.11).

Nach dem Fleischskandal ist vor dem Skandal. Die Kette von Ekelfleischfunden reißt kaum ab. Die meisten Betrugsfälle mit verdorbenem Fleisch wurden nicht durch die Lebensmittelprüfer aufgedeckt, sondern durch Informationen einstiger oder verantwortungsbewusster Mitarbeiter publik. Haben wir BSE wirklich im Griff? Oder sind die heutigen Fälle nur keine Meldung mehr wert oder werden klammheimlich verschwiegen? Der vom größten europäischen Wurstfabrikanten zum überzeugten Biobauern gewandelte Karl Ludwig Schweisfurth sagt: „Für mich ist Qualität viel mehr als das, was man chemisch messen kann. ... Wie hat das

Tier gelebt? Was hat das Tier gefressen? Wie ist das Tier vom Leben in den Tod befördert worden? ... Denn wenn man hinguckt, kann man sich nur noch angeekelt abwenden" (chrismon, Heft 10/2006, S. 22).

Was unsere Nahrung angeht, werden wir ständig belogen. „Man sagt uns, dass wir Fleisch essen müssen, um genug Eiweiß aufzunehmen, Was nicht stimmt. ... Dass eine Ernährung ohne Fleisch mangelhaft ist, was nicht stimmt. Wir wissen heute definitiv, dass ein vegetarische Ernährung gesund ist. Wir wissen, dass Vegetarier länger leben" (Jonathan Safran Foer, FAS, 17.01.10, S. 21).

Das sogenannte Functional Food soll den Cholesterinspiegel verbessern, die Verdauung anregen oder gar die Zähne pflegen. Dafür werden die Produkte mit zusätzlichen Mineralien, Vitaminen oder anderen künstlichen Zusätzen angereichert. Der gesundheitliche Effekt ist sehr umstritten und diese Lebensmittel sind auch teurer als die ohne Extras. Das Geschäft mit der neuen Nahrung, die Vitalität und weniger Kalorien verspricht, ist das wichtigste Wachstumsfeld der Nahrungsmittelkonzerne und eine gigantische Profitquelle. „Im Milliardengeschäft mit den Lebensmitteln wird belogen, betrogen und mit der Gesundheit der Verbraucher gespielt" (›Die Joghurt Lüge – Die unappetitlichen Geschäfte der Lebensmittelindustrie‹, Marita Vollborn & Vlad D. Georgescu, Campus Verlag). „Jedes Jahr kommen Dutzende an neuen Functional-Food-Produkten auf den Markt. Doch Wissenschaftler und Ernährungsberater ziehen eine ernüchternde Bilanz: Die funktionellen Nahrungsmittel, die heute in unseren Supermarktregalen stehen, bringen mehrheitlich nichts. Im besten Fall sind sie wirkungslos. Im schlimmsten Fall gesundheitsschädlich" (Anette Dowideit, Die gefährliche Illusion vom Essen, das gesund macht, welt.de, 17.7.11).

Das US-Unternehmen Herbalife bezeichnet sich selbst als führendes Unternehmen für Wellness und Wohlbefinden. „Mittel zur Nahrungsergänzung des US-Konzerns Herbalife stehen im Verdacht, die Leber zu schädigen, ... seine Vitaminpillen, Mineraltabletten, Eiweißpulver oder

Kräuterrezepturen kaufen über 5,5 Millionen Kunden in 65 Ländern ... Das Problem von Herbalife dürfte das Problem eines Großteils der Branche sein" (Robert Thielicke, Focus Heft 4/2008, S. 70).

Vorsicht ist auch bei den sogenannten Naturals (die Natürlichen) geboten. Da werden Kartoffelchips in Sonnenblumenöl frittiert sowie mit Meersalz und Pfeffer aufgepeppt, um ihnen einen mediterranen Hauch anzudichten. Gesünder als normale Chips sind die Naturals deshalb nicht, aber ein typisches Beispiel für die Irreführung des Verbrauchers.

Viele Gesundheitsbewusste schlucken täglich Vitaminpillen, in Europa und Nordamerika geschätzt 160 Millionen Menschen. Die Werbung will uns weismachen, wir könnten damit die Gesundheit stärken und länger leben. Das sehen die Wissenschaftler der Universität Kopenhagen auf der Grundlage von knapp 70 Studien mit 230 000 Teilnehmern etwas anders: „Es gebe keinen überzeugenden Beleg dafür, dass die getesteten Vitamine das Leben verlängern. ... Bei der Analyse ... stellte sich heraus, dass einige Vitamine das Sterberisiko sogar vergrößern: Bei Vitamin A war es um 16 Prozent erhöht, bei Beta-Carotin um sieben und bei Vitamin E um vier Prozent" (wez, Der Tagesspiegel, 17.04.08, S. 29).

Essen mit Köpfchen
Viele Leute wissen nichts mit sich anzufangen, wenn sie plötzlich über freie Zeit verfügen. Wenn Sie sich aber umfassend für Ihre Ernährung interessieren, wird bald klar: Gesundes auf dem Teller braucht viel Zeit, Ausdauer und Organisationstalent, wenn man nicht ausschließlich teuer im Bioladen und im Reformhaus einkaufen geht.

Für eine Änderung der Lebensgewohnheiten ist es fast nie zu spät. In einer US-Studie stellte man fest, dass auch Menschen, die erst im Alter zwischen 45 und 64 Jahren damit begannen, täglich Obst und Gemüse zu essen, Nichtraucher wurden und mindestens zweieinhalb Stunden in der Woche sportlich aktiv waren, ihre Werte stark verbessern: Das Risiko für Herz-Kreislauferkrankungen sank um ein Drittel, die

Gefahr von Herzinfarkt und Schlaganfall verringerte sich um 40 Prozent.

„Unter den Risikofaktoren für eine Krebserkrankung machen Ernährungsdefizite 30 Prozent aus! Damit sind sie genau so gefährlich wie das Rauchen" (Norbert Messing, Bio, Heft 5/2007, S. 60). Der Arzt und Krebsspezialist Friedrich Douwes sagt: „Wir hätten weniger Patienten mit Arterienverkalkung, weniger Bluthochdruck, wir hätten auch weniger Zuckerkrankheiten und letztlich auch weniger Krebs, wenn wir mehr Leinöl essen würden" (Der Tagesspiegel, 17.09.06, S S6). Leinöl ist der Weltrekordhalter an Alpha-Linolensäure. Ein Zehntel davon kann der menschliche Körper in Omega-3-Fettsäuren umwandeln. 100 Gramm Leinöl enthält etwa 55 Gramm Alpha-Linolensäure. Zum Vergleich: 100 Gramm Rapsöl besitzt nur 9 Gramm davon, das beliebte Olivenöl 0,9 Gramm. Regelmäßiger Leinölgenuss kann Hyperaktivität und Depressionen vorbeugen, es stärkt Augen, Gehirn, Herz, Knochen und Kreislauf. Manche Zeitgenossen meinen, Leinöl schmecke fade, das ist ein Trugschluss. Denn in diesem Fall wurde dem Gaumen altes Öl aufgetischt. Frisches Leinöl mundet leicht nussig. Man kann Leinöl täglich verwenden, z.B. als Zugabe zu Gemüse- und Obstsalaten. Seine volle Wirksamkeit entfaltet nur naturbelassenes kaltgepresstes Leinöl. Das ist selten zu haben. Man findet es beispielsweise in der Lausitz. So liefert die Ölmühle Ballaschk aus Burg (Spreewald) bundesweit auch an Privatkunden ein naturbelassenes und kaltgepresstes Leinöl in Rohkostqualität. Genveränderte Saat ist hier tabu, das Pressgut kommt von ausgewählten Bauern aus Deutschland.

Die wohl beste Leinölküche für Gourmets finden Sie im Hotel „Zur Bleiche", ebenfalls in Burg (Spreewald).
Tipp zum Weiterlesen: ›Leinöl macht glücklich. Das blaue Ernährungswunder‹, H.-U. Grimm und B. Ubbenhorst, Dr. Watson Books.

Bis vor kurzem galten auch Kaltwasserfische aus dem Meer, so Thunfisch, Hering und Makrele, als wertvolle Lieferanten von Omega-3-Fettsäuren. Für dessen Zufuhr ist Fischverzehr oder die Einnahme von Fischölkapseln aber nicht erforderlich. Fische sind zudem eine Hauptquelle für die gesundheitsbedrohliche Quecksilberaufnahme. „Fisch ist genauso wie Fleisch und Wurst ein ernährungsphysiologisch überflüssiges Nahrungsmittel, das zudem mit erheblichen gesundheitlichen Risiken behaftet ist", weiß Dr. med. Hans-Günter Kugler vom Institut für Erfahrungsheilkunde in Michelrieth.

„Essen Sie auch immer brav Ihren Fisch? Öfter als Fleisch? Mindestens ein Mal die Woche? ... Er ist reich an ungesättigten Fettsäuren, die den Cholesterin-Spiegel senken und vor Herzkrankheiten schützen sollen. ... Kanadische Forscher haben nun bisherige Studien zu dem Thema gründlich geprüft und deren Ergebnisse teilweise sogar widerlegt. Die neue Studie erschien im ‚Canadian Journal of Cardiology' (huffingtonpost.de, 3.05.14).

Fische aus den Aquafarmen werden meist mit Getreide gemästet, wobei statt der vorzüglichen Omega-3-Fettsäuren dann mehr weniger gesunde Omega-6-Fettsäuren enthalten sind.

Unser täglich Brot
Frisch gemahlenes Mehl, etwas Sauerteig, energetisiertes Wasser, Kristall- oder Steinsalz und Gewürze, viel mehr Zutaten braucht es nicht zum Brotbacken. Aber das Wichtigste fehlt heute vielen Bäckern, den großen Backfabriken sowieso: Frisches Mehl und ausreichend Zeit zum Reifen für den Sauerteig! Deshalb werden fast überall nur noch Industriemischungen verbacken, die im Nu fertig sind oder gar nur noch industrielle Tiefkühlteiglinge aufgebacken. Aber nur im frischen Mehl sind die wertvollen Keimöle enthalten. Da diese aber nach einigen Wochen ranzig werden, werden die Industriemehle „gereinigt", wobei auch viele Mineralstoffe verloren gehen. Sauerteig macht Brot für den menschlichen Organismus leichter verdaulich. Am gesündesten ist die Herstellung eigener Mehle mit einer Getreidemühle aus dem vollen Korn. Auch einige Bäckereien, so beim Märkischen

Landbrot (demeter), mahlen es kurz vor dem Backen, da ist es noch warm!

Brotbackautomaten machen das Selberbacken heutzutage zum Kinderspiel. Aber auch im herkömmlichen Backofen ist die Herstellung von Brötchen einfach. Hier bildet sich auch eine schöne knackige Kruste und der handgeformte Leib sieht aus wie ein Brot. Wenn Sie Backpapier aufs Blech ausbreiten, hält sich der Reinigungsaufwand in Grenzen. Selbstgebackene Brötchen sind ein heißer Tipp: Der Teig ist in kleinen Portionen gut formbar, die Backzeit ist viel geringer als bei einem Brot. Eingefroren und vor dem Zubettgehen aus der Kühltruhe entnommen, können Sie zum Frühstück immer frische vollwertige Brötchen genießen. Schon nach kurzer Zeit möchten Sie Ihre eigene Getreidemühle nicht mehr missen. Das volle Korn, meist in Ein-Kilogramm-Packungen, ist in Bioläden, Reformhäusern, Drogerien und einigen Supermärkten erhältlich und bei entsprechender Lagerung jahrelang haltbar. Ökonomischer ist das Ordern von Fünf,- Zehn- oder gar Fünfzehn-Kilogramm-Packungen vom Biohof. Mahlen Sie immer erst kurz vor dem Backen: Der Geruch des Mahlgutes umschmeichelt die Nase. Und dann stecken Sie Ihr Riechorgan mal in eine handelsübliche Mehltüte 405 – da riecht nichts mehr.

Werten Sie die Zutaten je nach Geschmack auf. Gemahlene wilde Braunhirse, geschrotete Sesamkörner und Leinsamen, Walnusskerne sowie getrocknete Aprikosen verfeinern das Vollkornbrot – kleingeschnittener Knoblauch und Zwiebel lassen es pikant munden.

Wilde Braunhirse ist das mineralstoffreichste Getreide der Welt mit viel Eisen, Zink und Magnesium sowie Spurenelementen und reichlich Vitaminen der B-Gruppe. Einzigartig ist der hohe Gehalt an Kieselsäure als Siliziumlieferant, 550 mg pro 100 Gramm. Kieselsäure fördert das Wachsen von Haaren und Nägeln und versorgt Gelenke, Haut und Knochen mit Nahrung. Fein vermahlen, kann man die Braunhirse ins Müsli einrühren oder in den Brotteig gemischt verbacken. Der österreichische Biobauer Adi Kammerleithner sagt im Interview: „Ich konnte immer wieder beobachten, dass Braunhirse eine Art Reparaturfunktion besitzt und viele Menschen vor einer Operation gerettet hat" (Bio, Heft 5/2007, S. 41).

Als ein wahres Wunderkorn erweist sich der Dinkel. Das Getreide stammt aus Südostasien und wurde dort um 3000 v. Chr. kultiviert. Bis in die 1930er Jahre war Dinkel auch in Mitteleuropa weit verbreitet. Weil sich das Korn aber standhaft weigert, auf Chemie und Düngung mit höheren Erträgen zu reagieren, geriet es in den 1950er Jahren in Vergessenheit. Wer darauf achtet, seinen Körper nicht zu übersäuern, ist mit Dinkel gut beraten. Das leicht basische Getreide wirkt neutral und ist daher perfekt fürs wichtige Säure-Basen-Gleichgewicht. Im Dinkel stecken mehr Spurenelemente und Vitamine als im Weizen. Die verteilen sich beim Dinkel über das ganze Korn, leere Stärke (Weißmehl) wie beim Weizen, ist nicht vorhanden. Dinkel ist gut wasserlöslich, deshalb können die Vitalstoffe, vergleichbar mit Flüssignahrung, schnell aufgenommen werden und entfalten ihre Wirkung auf Knochen-, Muskel-, Nerven- und Organzellen im Schnellzugtempo. Aber aufgepasst: Dinkel ist nicht gleich Dinkel. Am gehaltvollsten sind die reinen Ur-Dinkel-Sorten, z.B. Oberkulmer Rotkorn oder Schabenkorn. Dinkelkreuzungen sind ertragreicher, deshalb günstiger im Preis, aber nicht so gesund.

Müsli
Müsli sollte auf keinem Frühstückstisch fehlen. Es fördert die Verdauung und versorgt den Organismus mit unzähligen Wertstoffen. Am besten schmeckt die selbst kreierte Müslimischung mit lebendigen Zutaten. Haferflocken sollten Sie mit der Getreidequetsche selbst herstellen, weil die handelsüblichen Produkte allesamt hitzebehandelt und damit biologisch tot sind. Dazu kommt kleingeschnittenes möglichst ungeschwefeltes Trockenobst: Ananas, Aprikosen, Bananen (getrocknet – keine Chips), Cranberries, Datteln und Feigen. Damit nicht alles verklebt, wird das Ganze anschließend mit 3-4 Esslöffeln fein gemahlener Gerste oder Reismehl vermischt. Dazu kommen noch Sesam und Leinsamen (beides

frisch geschrotet), Weizenkleie sowie Kürbis- und Sonnenblumenkerne, frische Kokosraspeln (aus der Schale gelöste Fruchtstücke werden in der Kaffeemühle gemahlen), auch Hasel- und Walnüsse werden selbst geknackt. Abgepackte Walnusskerne aus dem Supermarkt schmecken häufig ranzig, weil sie unter Luftabschluss gelagert wurden.

Am Abend zuvor kann man 2 bis 3 Teelöffel frisch geschroteten Dinkel, gequetschte Gerste und/oder gemahlene Braunhirse in einer Tasse mit Wasser anrühren, damit diese quellen und dann effektiver vom Körper aufgenommen werden können. Alles zusammen kommt morgens in die Müslischale und wird mit Saft übergossen und verrührt. Aufwerten kann man die eigene Kreation mit getrockneten Gojibeeren (nach Schisandra die zweitgesündeste Frucht der Welt), Bierhefeflocken und einer reichlichen Prise Zimt.

Abzuraten ist von der Verwendung von Milch, Joghurt oder Quark. Milch ist das weiße Gift! Kuhmilch übersäuert den Körper und entzieht Knochen und Zähnen dabei Kalzium – es passiert also exakt das Gegenteil von dem, was die Werbung verspricht. In den Ländern mit dem höchsten Milchverbrauch, in Skandinavien, verzeichnet man auch aus diesem Grund die höchsten Erkankungsraten an Osteoporose. Darüber hinaus enthält Milch das Protein Kasein. „Die unverdauten Gluten- oder Kasein-Fragmente sind ... ähnlich zu Opium-Drogen, die sich auf unser Gehirn und somit unsere Verhaltensweise stark auswirken. Es handelt sich buchstäblich um Drogen - und genau das ist der Grund, warum alle Leute so sehr an Brot und Milch hängen! ... Aber die Wahrheit ist, dass nur wenige Lebensmittel so schwer verdaulich sind wie Milch. Kasein, welches anteilsmäßig ungefähr 80% des gesamten Proteins in Milch ausmacht, klumpt sofort zusammen, sobald es im Magen ankommt, was eine Verdauung schwerer macht. Zusätzlich ist dieser Bestandteil in Milch, die in Kaufhäusern angeboten wird, homogenisiert. Das bedeutet, dass das Fett durch langes Rühren gleichmäßig verteilt wird. Homogenisierung ist deswegen so schlecht, weil beim Rühren der Milch Sauerstoff eingemischt wird, was das in der Milch befindliche Fett oxidiert (ranzig macht). Mit anderen Worten:

homogenisierte Milch produziert freie Radikale und übt äußerst negative Wirkungen auf den Körper aus." (Gabriela Segura, http://de.sott.net, 5.01.10).

Ein weiterer Vorteil eines konsequentem Milch- und Milchprodukteverzichts ist das Abnehmen ohne jegliche Diät. Die persönliche Erfahrung des Autors bei einem Ausgangsgewicht von 74 Kilogramm: Nach etwa sechs Monaten zeigte die Waage 10 Kilo weniger an – ohne das Ändern von weiteren Lebensgewohnheiten bzw. mehr Sport.

Wollen Sie sich ausführlich mit der Problematik Milch beschäftigen, kann ein diesbezüglicher Fachvortrag behilflich sein, siehe: youtube, Prof. Dr. Walter Veith und Risikofaktor Milch.

Kaffee und Schwarztee

Kaffee und Schwarztee sind starke Drogen. Kaffee enthält das unter Krebsverdacht stehende Furan, Grün- und Schwarztee Giftstoffe zur Abwehr von Fressfeinden, z.B der Elenantilope. Schwarztee ist ein konzentriertes Gift, kein Tier würde dies freiwillig trinken. Beide Getränke, mit Ausnahme von Espresso, übersäuern den Körper. Zum Vertiefen der Thematik empfehlen wir den Fachvortrag von Prof. Dr. Walter Veith: „Zusatzstoffe in Nahrungsmitteln" (youtube, ab Minute 18:00). Eine gesunde Alternative sind basische Kräutertees, am besten selbst gesammelt und gemischt.

„Kaffee wirkt ähnlich wie schwarzer Tee, aber die Nebenwirkungen sind noch schlimmer. Er wirkt stark anregend, aber verursacht danach eine ebenso starke Erschöpfung. Tee- und Kaffeetrinkern kann man das im Gesicht ansehen. Sie wirken ungesund. Kaffeetrinken ist eine schädliche Angewohnheit. Er erfrischt nur vorübergehend, aber die Nachwirkungen sind Erschöpfungszustände und eine Beeinträchtigung der geistigen, sittlichen und körperlichen Kräfte. Der Mensch wird nervlich weniger belastbar, und wenn man sich nicht entschieden darum bemüht, diese Sucht zu überwinden, wird die Gehirntätigkeit ständig verringert" (http://veilchenbund.jimdo.com/gesundheit/egw-gesundheit/bohnenkaffee-und-schwarzer-tee).

Noch mehr Gesundheit auf den Tisch (eine kleine Auswahl)

Äpfel
Der Deutschen Lieblingsobst, der Apfel, ist eine Miniaturapotheke mit etwa 300 Biostoffen. Das Pektin entfaltet eine Schutzwirkung auf Darm und Gefäße. „100 Gramm eines Red Delicious enthalten nur 5,7 Milligramm Vitamin C – entfalten aber eine antioxidative Wirkung, die der von 1500 Milligramm reinem Vitamin C entspricht. Die ... zellschützende Wirkung ... stammt nicht vom Vitamin C, sondern von den Hunderten weiterer Stoffen, die sich im Apfel befinden, vor allem in der Schale. (Bas Kast, Der Tagesspiegel, 30.01.07, S. 26). Das ist ein Problem, denn von der Blüte bis zum Pflücken wird über Plantagenäpfel bis zu dreißig Mal die chemische Keule geschwungen. Ganz ohne Pflanzenschutzmittel kommen auch die Plantagen der meisten Biobauern nicht aus. Völlig unbedenklich reifen die Äpfel auf der Streuobstwiese am Bauernhof, da kommt meist kein Gift zum Einsatz, der eine oder andere Wurm wird in Kauf genommen, auch eine Schorfstelle stört nur vom ästhetischen Gesichtspunkt her. Auf den großen alten Bäumen hängen Sorten, die nur noch Eingeweihte schätzen und genießen: Adams- oder Goldparmäne, Citronenapfel, Gravensteiner, Herrnhuter, Öhringer Blutstreifling oder Prinzessin Louise. Etwa 2000 verschiedene Geschmacksorten sterben langsam aus, weil der moderne Konsument nur noch aus etwa einem Dutzend handelsüblicher Sorten wählen kann. Kläräpfel im Juli und August-Äpfel – mit so etwas hält sich der Großhandel gar nicht auf, denn sie sind druckempfindlich und nicht lange haltbar. Dabei ist das Aroma himmlisch, sie duften und schmecken noch nach dörflicher Idylle und nicht nach Supermarkt. Finkenwerder Herbstprinz und Weißer Winterglockenapfel schmecken erst so richtig, wenn sie runzlig sind. Da lohnt es sich, auf dem Wochenmarkt zu suchen. Mancher Bauer verkauft noch selten gewordene Apfelsorten, mitunter darf man auch als Selbstpflücker aktiv werden. Diese Äpfel verströmen beim Lagern in einem kühlen

Raum noch einen wunderbaren Duft. Der „moderne" Apfel hat den schon beim Zeitpunkt des Kaufs ausgehaucht.

Avocado
Die Frucht kann man nur roh und reif genießen: Falls noch hart, dann legt man sie zusammen mit einem Apfel in eine Tüte. Wenn die Schale auf Fingerdruck leicht nachgibt, ist es soweit. Die Frucht wird der Länge nach aufgeschnitten, der Kern herausgenommen und das grüne Fleisch aus der Schale gelöst. Den Brei quetscht man mit einer Gabel und verfeinert die Masse mit Pfeffer, Kristallsalz und dem Saft einer Zitrone, manchmal reicht auch eine halbe. Jetzt haben Sie einen veritablen Brotaufstrich zur Hand. Das Besondere ist der außergewöhnlich hohe Anteil an Fett. Pro 100 Gramm etwa 25 Prozent, daher auch als Butterfrucht bekannt. Anders als das tierische Produkt besitzt die Avocado viele einfach und mehrfach ungesättigte Fettsäuren, die sich positiv auf den Cholesterinspiegel und das Herz-Kreislauf-System auswirken. Avocado ist auch reich an Vitamin E, beugt Arteriosklerose vor und ist gut für die Herzgesundheit. Der hohe Vitamin-B6-Gehalt stärkt das Immunsystem und sorgt für beschwerdefreie Tage vor den „Tagen".

Bärlauch
Im zeitigen Frühjahr riecht es in manchen Parks, an Wasserläufen und in Auwäldern nach Schnittlauch. Dahinter steckt jedoch der Bärlauch, auch als wilder Knoblauch bekannt. Bärlauch ist reich an Vitamin C sowie Eisen, Magnesium und Mangan. Eine Frühjahrskur mit Bärlauch entschlackt und erfrischt. Die Sulfide werden vom menschlichen Körper zu Sulfensäure umgewandelt, die stark antibakteriell wirkt. Die frischen Blätter können wie Knoblauch verwendet werden. Beim Sammeln müssen Sie aber aufpassen, dass die Blätter nicht mit den giftigen jungen Maiglöckchen oder Herbstzeitlosen verwechselt werden. Sie sind denen sehr ähnlich. Die Sammelware wird sorgfältig abspült, um eine Infektion mit Fuchsbandwurmeiern auszuschließen.

Eine Möglichkeit, sich mit heilkräftigem Bärlauch zu bevorraten, ist das Herstellen von Pesto: Dazu benötigen Sie reichlich Bärlauch, welcher erst kleingeschnitten und anschließend im Mörser verarbeitet wird. Die grüne Masse wird anschließend mit gemahlenem Walnusskernen sowie Sesam- und Sonnenblumkernen, Steinsalz und nativem Olivenöl verrührt, bis eine cremige Masse entsteht. Abgefüllt in Gläser kann das Pesto einige Wochen im Kühlschrank lagern (dann auch etwas Senf dazumischen und die Masse mit Olivenöl abdecken) oder sogar in der Kühltruhe einfrieren – wegen des enthaltenen Olivenöls müssen Sie keine Angst haben, dass die Gläser in der Kälte zerspringen! Wollen Sie nur Bärlauchblätter konservieren, genügt das Einlegen in Olivenöl. Bitte beachten: Die Blätter dürfen nicht nass sein!

Blaubeeren
„Doof bleibt doof, da helfen keine Pillen", der Ausspruch aus Kindheitstagen bleibt auch in der heutigen Zeit der Arzneigläubigkeit aktuell. Sich ein wenig klüger essen, muss dennoch kein Traum bleiben. „Ratten etwa, die im Alter ganz ähnliche Einbußen der Denkfähigkeit erleiden wie der Mensch, erlebten durch die Aufnahme von Blaubeeren und Walnüssen eine geistige Verjüngung" (WS, Focus 1/2008, S. 63). US-Forscher vermuten, dass dieser Effekt durch die in den Pflanzenfrüchten enthaltenen Polyphenole hervorgerufen wird und empfehlen eine tägliche Verzehrmenge von jeweils 30 Gramm. Seitdem sich Norah Jones alias Elizabeth in „My Blueberry Nights" mit einem Blueberry Pie über Liebeskummer hinweghelfen lässt, ist seit 2008 auch unter deutschen Kinobesuchern Blaubeerkuchen wieder ein Begriff. Echte frische Blaubeeren sind eine Rarität. Auf Märkten bekommt man oft nur die gezüchteten Kulturheidelbeeren. Die sind zwar groß und prall, schmecken mitunter wie ihre wilden Verwandten, sind innen aber leider farblos und daher längst nicht so gesund wie wild wachsende Blaubeeren. Denn die sind wahre Vitamin- und Mineralstoffbomben. Französische Wissenschaftler haben festgestellt, dass Blaubeeren zur Verbesserung des Sehvermögens bei Dämmerung und in der

Nacht beitragen. Sie helfen den Augen, sich schneller an schlechte Sichtverhältnisse anzupassen, verringern die Ermüdung der Augen bei längerer Arbeit und künstlichem Licht. Daher ist es nicht verwunderlich, dass finnische Biathleten auch auf die Kraft der blauen Beeren aus ihren Wäldern vertrauen. Vor den (kostenlosen) Genuss haben die Götter den Schweiß und manche Widerwärtigkeit gesetzt. Zuerst muss man wissen, wo Blaubeeren einen Waldteppich bilden, denn sie sind nur auf sauren Böden zu finden. Das Sammeln von Hand oder mit dem Blaubeerkamm erweist sich als mühselig, egal ob man sich nun bückt oder hockt – der Rücken schmerzt alsbald. Außerdem warten im Tann, unter Fichten- oder Kiefern die Gemeine Rinderbremse und Regenbremse, der Wadenstecher, Schwärme von Fliegen und Mücken sowie hinterhältige Zecken auf emsige Sammler. Die meisten Störenfriede wollen einem ans Blut, die Anderen umsirren den Kopf. Zwischendurch empfiehlt es sich, kräftig auf den Boden zu treten, um Kreuzottern im Revier zu vertreiben. Seit sich der tückische Fuchsbandwurm deutschlandweit ausbreitet (zwischen Infektion und Exitus des Menschen liegen zehn Jahre!), sollen Blaubeeren nicht mehr von der Hand in den Mund wandern, sondern vor dem Rohverzehr gründlich abgewaschen werden. Nach all der überstandenen Plage trägt man die gefüllten Eimer, Kannen, Gläser oder Schüsseln stolz wie Trophäen aus dem Wald – wohl wissend, welcher Schatz da gehoben wurde. Gut abgespült munden die rohen Beeren ungesüßt, gezuckert oder als frische Zutat im Müsli. Lecker ist der Blaubeer-Streusel-Hefekuchen (zwischen Hefeteig und Blaubeerschicht gehört ausreichend Grieß, damit der Kuchen nicht allzu sehr nässt). Dank der in den Früchten enthaltenen Pektine eignen sie sich auch ideal für die Zubereitung von köstlicher Marmelade, die problemlos geliert. Zur Vorratshaltung kann man Blaubeeren in Plastikbeuteln einfrieren, sie verwandeln sich in der Kühltruhe zu blauen Glasperlen, die sich später gut portionieren lassen.

Chili
Die feurigen roten Chilischoten gehören zur Familie der Paprika. Beim ersten Genuss wirken sie wie ein Stromschlag im Mund. Aber mit der Zeit kann man sich an den scharfen Geschmack durchaus gewöhnen und empfindet das Brennen als angenehm: Dabei werden im Körper Hormone ausgeschüttet, die euphorisch machen. Neueste Studien ergaben, dass regelmäßiger Chiliverzehr dazu beitragen kann, die männliche Prostata gesund zu erhalten.

Granatapfel
Die Frucht ist eine der ältesten Kulturpflanzen und gilt als Symbol für Fruchtbarkeit, Leben und sinnliche Schönheit. Der Paradiesapfel war höchstwahrscheinlich kein gewöhnlicher sondern ein Granatapfel! Das Früchtewunderwerk wirkt zell- und gefäßschützend und besitzt die Kraft, Bluthochdruck, Diabetes, Gelenkschmerzen, vorzeitige Hautalterung, Stress und Wechseljahresstörungen zu vermeiden. Der PSA-Wert wird verbessert und somit Prostataerkrankungen vorgebeugt.
Einfach und sauber (ohne saften) kommen Sie an die Kerne heran, indem Sie das „Krönchen" kegelförmig herausschneiden und dann die Schale auf vier Seiten etwa einen Zentimeter tief einschneiden, dann wird das Aufbrechen leichter. Die Kernchen vorsichtig ablösen. Die zarte Haut dazwischen kann mitgegessen werden, diese enthält gesunde Bitterstoffe. Zusammen mit kleingeschnittenen Äpfeln, Orangen, Grapefruit, Bananen, Kokosnussraspel mischen und etwas Leinöl dazu: fertig ist ein pefekter Obstsalat.

Honig
Eine Biene muss für einen Löffel Honig mehrere Tage fleißig sein. Mit jedem Ausflug saugt sie etwa 40 Milligramm Blütensaft auf, der im Körper der Biene mit Enzymen angereichert und zu Honig umgewandelt wird. Arbeitsbienen müssen für ein Kilogramm kostbaren Honig etwa 100 000 Kilometer herumsausen, dabei 20 Millionen Blüten besuchen, um drei Liter Blütensaft (Nektar) einzusammeln, der im Stock zu Honig eingedickt wird. Guter Honig ist nicht nur ein

leckerer Brotaufstrich, sondern gibt mit seinem natürlichen Fruchtzucker, den Aminosäuren, Mineralstoffen, Pollen und Vitaminen auch Kraft für einen Start in den Tag. Über 180 natürliche Substanzen und organische Verbindungen sind nachgewiesen. Diese steuern im menschlichen Körper biologische Abläufe und unterstützen den Stoffwechsel. Honig fördert die Durchblutung und unterstützt das Herz: Der hohe Gehalt an Eisen und der Aminosäure Prolin unterstützt das Herstellen des roten Blutfarbstoffes Hämoglobin. Honig hilft der Leber bei ihrer Entgiftungsfunktion. Honig ist antibakteriell. Der Norweger und Expeditionsleiter Thor Heyerdahl fand in den 1970er Jahren in ägyptischen Amphoren Honigreste, die auch nach über 2000 Jahren noch nicht verdorben waren! Honig ist nicht gleich Honig und das Unterscheiden fällt schwer. Qualitätshonig besitzt die Eigenschaft, nach einer gewissen Reifezeit zu kandieren. Jenen Honig bieten die Supermärkte in Deutschland nicht mehr an. Stattdessen wird der Honig in modernen Abfüllanlagen heute mittels Zentrifuge seiner natürlichen Struktur beraubt und bleibt dauerhaft cremig – das erleichtert der Industrie das nachträgliche Vermischen verschiedener Sorten. So findet man z.B. Honig aus EU- und Nicht-EU-Ländern zusammengemixt in einem Glas. Manchmal wird Honig auch erhitzt, damit er schneller in die Gläser fließt. Geschieht das bei einer Temperatur über 40°C, werden wertvolle Inhaltsstoffe zerstört und der Honig minderwertig. Beim Kauf aus dem Supermarktregal kann man nicht immer sicher sein, welche Inhaltsstoffe aus dem Honig, beispielsweise für die Kosmetikindustrie, entnommen wurden. Der Honigkauf ist also immer eine Vertrauenssache, beim Etikett „Echter deutscher Honig" können Sie sicher sein, dass es sich um höchste Qualität handelt. Noch besser, man kauft den Honig beim Imker seines Vertrauens, der weiß, wo seine Bienen gesammelt haben.

Kartoffeln
Die Erdäpfel sind noch gesünder, wenn man sie mit der Schale isst, weil darin eine Menge Kieselerde steckt, welche die Haut

von innen schützt und pflegt. Dazu sind aber nur Erdknollen geeignet, die nicht mit Kunstdünger behandelt wurden – also beim Biobauern oder auf dem Markt beim Händler ihres Vertrauens kaufen.

Knoblauch
Schon vor 3500 Jahren verspeisten die Ägypter die scharfen Knoblauchknollen in Massen, so zur Seuchenvermeidung beim Bau der Pyramiden. Das Gewächs aus der Familie der Zwiebeln produziert aus der Aminosäure Alliin und dessen Abbauprodukt Allicin Schwefelwasserstoff und füllt damit die körpereigenen Speicher in Blutzellen und Bindegewebe. Damit entspannen sich die Blutgefäße. Die ständig propagierte vorbeugende Wirkung für Herz- und Krebserkrankungen ist dagegen noch nicht wissenschaftlich gesichert, Knoblauch senkt aber die Cholesterinkonzentration im Blut um wenige Prozente.
Kochlegende Alfons Schuhbeck empfiehlt, Knoblauch und Ingwer, roh oder angedünstet, immer im Verhältnis 1:1 zu mischen, denn mit diesem Trick verstärkt sich die Kraft des Knoblauchs um das Doppelte.

Kokosöl
Kokosmilch aus der frischen Nuss und das Fruchtfleisch bzw. die Raspel sind exotische Genüsse, denen man sich oft hingeben sollte. Kokosöl (am besten als Rohkostware, schonend getrocknet, gekühlt gepresst und nicht sedimentiert oder als natives Kokosöl extra) ist ein Allzweckmittel mit wunderbaren Eigenschaften, auch kosmetischer Art. Es bekämpft Bakterien, Viren und Pilze. Selbst bei Lippenherpes leistet es gute Dienste. Die meisten handelsüblichen Kokosöle sind aber raffiniert und wurden gebleicht, dieses Öl duftet dann nicht mehr nach Kokos und ist biologisch tot.
„Da es in der Hauptsache gesättigte Fette enthält, wird Kokosöl bei Zimmertemperatur nicht so schnell ranzig. Ebenso wenig verändert sich die Struktur bei hohen Temperaturen. Es ist ideal zum Backen, Braten, Rührbraten im Wok und zum Frittieren. Warum? Kokosöl enthält 92%

gesunde gesättigte Fette (GFS) mit nur maximal 2% mehrfach ungesättigten Fettsäuren (MUFS). Hierdurch ist Kokosöl 300 Mal weniger für Oxidation empfänglich als beispielsweise Leinsamenöl und 5 Mal weniger als Olivenöl" (bartmaes.tk/de, siehe: Gesunde Fette).

Kristallsalz
Es ist das hochwertigste Salz, weil alle lebenswichtigen Mineralien, Spurenelemente sowie wichtige Biophotone enthalten sind. Als Gewürz (das schädliche Kochsalz sollten Sie vollständig aus der Küche verbannen) regelmäßig angewendet, ist der menschliche Organismus wieder in der Lage, die geometrische Zellstruktur aufrechtzuerhalten. Genau wie im menschlichen Blut finden sich im Kristallsalz alle 84 überlebenswichtigen Elemente. Im gut sortierten Handel sind verschiedene Sorten Kristallsalz zu finden, die sich durch ihre Färbung unterscheiden. So schimmert Himalajasalz meist rötlich, Persisches Salz bläulich.

Leinöl
siehe auch S. 53
Wohl keine andere Pflanze war so wichtig für die Herausbildung der menschlichen Kultur und des Geistes wie das Lein. „Lein, der Grundstoff der Zivilisation, wirkt wundersamerweise auch gegen die Leiden der Zivilisation: Herz- und Kreislauferkrankungen, Bluthochdruck und Diabetes, ja sogar Krebs ... Es scheint unglaublich, dass wenige Gramm Lein am Tag so weitreichende Wirkungen haben – doch die Effekte sind in zahlreichen wissenschaftlichen Untersuchungen nachgewiesen ..." (H.-U. Grimm, ›Leinöl macht glücklich. Das blaue Ernährungswunder‹, Dr. Watson Books, S. 15 und S. 67).

Marmelade
Selbst gekochte Marmeladen und Konfitüren sind frei von künstlichen Aroma- und Farbstoffen sowie Verdickungsmitteln. Verwenden Sie für das Herstellen nur unraffinierten Rohrgelierzucker oder natürliches Pektin aus

Apfel- oder Pampelmusenkernen. Das A und O einer guten Marmelade oder Konfitüre ist die Qualität der Früchte. Wer sie selbst sammelt, ist auf der sicheren Seite. Aus heimischen Gefilden eignen sich besonders Erdbeeren, Blaubeeren, Himbeeren, Schwarze Johannisbeeren, Sauerkirschen, Stachelbeeren, Pfirsiche (mit Kornelkirschen und Vanille), Mirabellen und Pflaumen (mit Zimt). Aus dem Supermarkt kommen Ananas und Kiwi in den Kochtopf. Marmeladekocher können den Duft des Sommers in ihren Gläsern einfangen. An trüben Wintertagen am Frühstückstisch aufs Brot oder Brötchen dick aufgetragen, haben Depressionen keine Chance. Sie sind glücklich, wenn die Vorräte wieder aufgefüllt sind, Sie erfreuen ihre Freunde und Bekannten, wenn Sie von ihren Schätzen einige Gläser verschenken. Verziert mit eigenem Etikett und hübscher Schleife – schon gibt das Gläschen ein individuelles und liebevoll ausgesuchtes Präsent ab! Marmeladenkocher sind für immer immun gegen Massenware, weil sich ihre Geschmacksnerven nicht mehr betrügen lassen.

Möhren
Das Betacarotin in den Möhren kann vom menschlichen Körper nur dann in Vitamin A umgearbeitet werden, wenn Sie eine Messerspitze Butterschmalz (Ghee) dazugeben, bei Möhrensaft einige Tropfen Öl.

Pilze
Vitamin D ist nicht nur für stabile Knochen, sondern auch für das Immunsystem unentbehrlich. Bei Sommersonne produziert es der Körper selbst, im Winter muss es zugeführt werden. Vor allem Heringe, Waldpilze und Champignons sind Vitamin-D-Depots. Aber Pilze zieren sich unter der Obhut des Menschen, nur wenige Arten wie z.B. Brauner und Weißer Champignon, Stockschwämmchen, Austern- und Kräuterseitling lassen sich züchten, der große Rest versteckt sich mehr oder minder in Wald und Flur. Pilze wachsen in Deutschland das ganze Jahr über, die Hauptsaison beginnt etwa Anfang August und zieht sich bis Ende Oktober.

Pilzsucher gelten als extrem suchtgefährdet. Hat es geregnet und es bleibt warm, dann hält sie nichts. Schon im Morgengrauen ziehen sie in Scharen los, mit Messer, Plastikeimer, Span- oder Weidenkörbchen gerüstet. Nur Anfänger greifen zur Plastiktüte, aber darin schwitzt die begehrte Beute, bekommt unschöne Druckstellen und kann leicht verderben, die ganze Mühe war dann umsonst.

Wer selbst nicht von Kindesbeinen an mit Pilzen groß und vertraut geworden ist, kann viel falsch machen. Pilze unterscheiden sich, je nach Standort, selbst bei gleicher Sorte oft im Aussehen. Manche sind so giftig, dass man sie nur einmal isst. Wer sich unsicher ist, lässt den unbekannten Hutträger lieber stehen. Oder man erkundigt sich nach den Sprechstunden eines ehrenamtlichen Pilzsachverständigen. Das erweist sich immer als eine gute Idee, denn hier lernt man sprichwörtlich fürs (Über)Leben!

So viele Pilzarten, so viele Zubereitungsarten gibt es. Das klassische Mischpilzgericht in der Pfanne mit Zwiebeln, Pfeffer und Salz abgestimmt und mit Petersilie überstreut schmeckt besonders gut, wenn die Pilze in Butterschmalz (Ghee) gebraten werden. Einige Arten entfalten das fantastische Aroma erst im getrockneten Zustand, so Speisemorchel und Steinpilz. Pfifferlinge und viele andere Pilze können eingeweckt werden oder kommen nach dem Blanchieren in die Tiefkühltruhe. Die Beschirmten aus Wald, Parks und von Wiesen sind eine echte Alternative zu Fleisch, denn in ihnen schlummert wertvolles Eiweiß, lebensnotwendig für Haut, Herz, Muskeln und Nerven. Das Eisen in Pilzen befördert die Blutbildung. Pilzmahlzeiten fördern eine schlanke Linie, 100 Gramm enthalten nur 30 Kalorien, decken aber 60 Prozent des Vitamin D Tagesbedarfs eines Erwachsenen.

Tipp zum Weiterlesen: ›Pilze sicher bestimmen, delikat zubereiten‹ von Renate und Fridhelm Volk, Eugen Ulmer Verlag.

Rohschokolade
Die Betonung liegt auf Rohschokolade, die man bislang nur in Bioläden und ausgewählten Reformhäusern bekommt. „Nie Billigkram kaufen, wirklich nicht! In Supermärkten finden sie Schokolade für 39 Cent die Tafel. Wer das seinen Kindern gibt, der begeht Körperverletzung", sagt Georg Bernardini, der Mitbegründer der Confiserie Coppeneur nach einem umfangreichen Selbstversuch (welt.de, 27.11.12).

Kakao ist reich an Gerbstoffen, welche die Gefäße und das Herz schützen, Entzündungen entgegenwirken und das schlechte Cholesterin senken. Bereits einige Stückchen Rohschokolade enthalten so viele hochwirksame Schutzstoffe, wie die empfohlene Tagesration an Obst und Gemüse zusammen. Dazu gesellen sich etwa 400 Aromastoffe. Das Flavonol der dunklen Leckerei bewirkt einen Anti-Aging-Effekt für unsere Zellen. Ein Bioaktivstoff regt das Gehirn zur Produktion von Glückshormonen an.

Doch vergessen Sie bei allen Glücksgefühlen nicht: Noch immer werden auf manchen Kakaobohnenplantagen in Afrika Kinder wie Sklaven gehalten, eine Schule kennen sie nicht. Keines dieser armseligen fleißigen Geschöpfe hat je im Leben ein Stückchen Schokolade kosten dürfen! Fair-Trade-Ware macht bei Kakaobohnen etwa 1-2 Prozent des Handels aus.

Spargel
Spargel war einst eine Arznei, heute sind die zarten Stangen ein begehrtes Edelgemüse für Feinschmecker. Spargel wirkt harntreibend, nierenkräftigend und sättigend. Hundert Gramm schlagen mit nur 17 Kalorien zu Buche. Die vielen Ballaststoffe sorgen dafür, dass man sich lange satt fühlt, deshalb ist das Frühlingsgemüse auch ein echter Schlankmacher, natürlich angereichert mit den Vitaminen A, C und E sowie den Mineralstoffen Kalzium (gut für die Knochen) und Jod (wichtig für die Schilddrüse). Am gesündesten ist grüner Spargel, den man noch dazu nicht schälen muss.

Tomaten
Bei den Tomaten sind die kleinen ein besonderer Gesundbrunnen, sie enthalten mehr Zellschutzkräfte als die größeren Fleischtomaten. Die besondere Wirkung beruht auf der roten Farbe, dem Lycopin, das Lungen-, Magen- und Prostatakrebs vorbeugt. Dabei kann man in der kalten Jahreszeit beruhigt zu Dosentomaten greifen. Die haben den Sommer in sich gespeichert und weisen eine hohe Lycopinkonzentration auf. Damit überflügeln die Eingemachten im Winter die frischen Tomaten aus dem Gewächshaus. Durch das Kochen von Tomaten wird der Farbstoff herausgelöst und kann dann vom Körper gut aufgenommen werden. Deshalb ist auch der beliebte Ketchup eine rundherum gesunde Sache.

Walnüsse
Walnüsse sind wegen ihrer Nähr- und Inhaltsstoffe einmalig: Zusammen mit Äpfeln könnte man sich wochenlang ernähren, ohne dass Mangelerscheinungen auftreten würden. Auch Walnüsse enthalten Omega-3-Fettsäuren (7,5 Gramm pro 100 Gramm Walnusskern), die Vitamine A, C, E, einige B-Vitamine und reichlich Mineralstoffe, darunter Eisen, Kalium, Kalzium, Magnesium, Phosphor und Zink. Nachgewiesen ist ihre Wirkung gegen Arteriosklerose, gegen krankmachende Keime, einen gewisser Krebsschutz sowie die Stärkung der Nerven. Wer am Tag drei bis vier frisch geknackte Walnüsse verspeist, kann sein Leben um etwa sieben Jahre verlängern. Ganze Walnüsse sind meist über Weihnachten, Walnusskerne das ganze Jahr über im Handel verfügbar – letztere werden aber nach einiger Zeit ranzig. Leider wird der Baum des Jahres 2008 allerorten in Deutschland gefällt und weicht neuen Parkplätzen, Sportanlagen, Hauseinfahrten. Alte Walnussbäume stehen dem modernen Menschen fast überall im Wege. Als Alleebaum ist er hierzulande nur sehr selten angepflanzt worden.

Glücksdroge I: Sport und Sauna

„Benutz es oder verlier es" (Volksweisheit)

Eines Tages kamen unsere Vorfahren auf die Idee, sich tagsüber vorwiegend auf den Po zu setzen. Der Urmensch konnte das nicht, auf der Suche nach Nahrung waren 30 bis 50 km Tagesmärsche angesagt und für diese Laufleistung ist unser Körper programmiert. So heißt unser Skelett auch nicht Sitz-, sondern Bewegungsapparat. Inaktivität ist das Gesundheitsproblem des dritten Jahrtausends. Fast die Hälfte aller Berufstätigen leidet nach einer Untersuchung der AOK (Wissenschaftliches Institut der AOK, 2005) zeitweise an Rückenschmerzen. Der Physiotherapeut Michael Kunert weiß: „Rückenschmerzen treten vor allem zwischen 35 und 50 Jahren auf". Bis zur richtigen Diagnose haben Schmerzpatienten oft acht verschiedene Ärzte aufgesucht. Die Behandlung kostet für nur einen Kranken mit chronischem Rückenleiden im Jahr bis zu 40 000 Euro!

Wer mit Bahn oder Auto zum Arbeitsplatz fährt, zuhause weiter vor Fernseher oder Computer verbringt, kommt regelmäßig auf 16 Stunden täglich im passiven Sitzen, aber nur knapp einen Kilometer zu Fuß.

Die sportlichen Weichen fürs Leben werden früh gestellt: „Fünf von sechs Erwachsenen, die als Kinder keinen Sport getrieben haben, tun dies später auch als Erwachsene nicht. Umgekehrt waren drei Viertel aller Freizeitsportler bereits in der Schule aktiv" (Rainer Woratschka, Der Tagesspiegel, 24.10.07, S. 2).

Auf jedem fünften Krankenschein steht: Rücken. Mediziner und Orthopäden greifen hierzulande viel zu schnell zur Spritze. Die Injektion unterdrückt zwar für eine gewisse Zeit die Schmerzen, und die meisten Patienten lassen es deshalb mit sich geschehen, das aber ändert nichts am Problem – die Qualen sind wieder da, wenn die Betäubung nachlässt. Auch ein Kernspin bringt hier nichts (außer denen, die die Leistung bei der Krankenkasse abrechnen), denn eine veränderte

Wirbelsäule tragen viele Leute mit sich herum, ohne dass Schmerzen auftreten. Der Arzt und Medizinjournalist Dr. Magnus Heier sagt: „Es gibt keinen erkennbaren Zusammenhang zwischen einer veränderten Wirbelsäule und Rückenschmerzen" (›radio eins‹, ›Zwei auf eins‹, 9.12.07). Darüber hinaus sollte man auch davon absehen, sich den Halswirbel einrenken zu lassen: Dabei können winzige Arterien in den Wirbeln abgequetscht werden, was im schlimmsten Fall zum Herzinfarkt führt. Was wirklich hilft: Bewegung, Bewegung und nochmals Bewegung, auch unter Schmerzen, die man anfangs nur wenige Tage mit Schmerzmitteln bekämpfen sollte. Sehr hilfreich sind auch gezieltes Krafttraining und Krankengymnastik, ein Segen für eine schwache Rückenmuskulatur. Denn Muskelgewebe, das nicht gebraucht wird, bildet sich zurück. Es genügt, einen Arm einige Wochen in Gips zu legen und schon lässt die Kraft nach. Was für den Arm gilt, betrifft den ganzen Körper. Der Mensch verliert im Alter zwischen 30 und 80 Jahren etwa ein Drittel seiner Kraft, wenn er nicht aktiv wird. Statt Muskelmasse bilden sich Binde- und Fettgewebe aus. Ein fataler Teufelskreis: Das Körpergewicht, das vom Skelett getragen werden muss, erhöht sich, währenddessen die Muskelmasse, die unser Knochengerüst stützt, rapide abnimmt. Daher kommt der Muskelkraft ein wichtiger Einfluss auf die Lebenserwartung zu. Regelmäßiges Muskeltraining führt selbst bei über 80jährigen noch zu beeindruckenden Resultaten: Auch hier baut sich wieder verjüngtes Muskelgewebe auf, diese Zellen zeigen eine ähnliche Genaktivität wie bei jungen Menschen. Ältere können mit gezieltem Muskeltraining einen großen Eigenbeitrag leisten, um ihre körperliche Selbstständigkeit und Mobilität lange zu erhalten. Die Faustregel: Je kräftiger der Händedruck, desto höher ist die Lebenserwartung.

Bei fast 50 Prozent der Bundesbürger, die im Jahre 2006 starben, versagten das Herz, der Kreislauf, oder sie erlitten einen Schlaganfall. Viele der 821 627 Frauen und Männer wären noch am Leben, hätten sie neben einer gesunden Ernährung auch regelmäßig Ausdauersport betrieben.

Würde es einem Pharmakonzern gelingen, eine Substanz herzustellen, von der auch Ärzte und Wissenschaftler begeistert schwärmen, dass sie, nimmt man sie regelmäßig ein, den meisten Zivilisationskrankheiten ein Schnippchen schlagen kann, dazu noch für eine beneidenswert schlanke Linie sorgt, auch wenn man ab und zu mal sündigt, dem Oberstübchen stets eine Extraportion Sauerstoff verpasst und damit Endorphine freisetzt, die für Momente ohne schädliche Nebenwirkungen in einen glücklichen Rauschzustand versetzt, die lebenslang dafür sorgt, dass im Gehirn neue „Verkabelungen" gelegt werden und die einen glatt zehn Jahre jünger aussehen lässt, dann würden alle, die wohl sehr teure Tablette täglich schlucken, koste es was es wolle. Vergessen Sie das mit der Pille! Diese wundersame Substanz ist bereits entdeckt und kostenlos verfügbar, Sie müssen nur regelmäßig Ausdauersport betreiben: Joggen, Wandern, Radfahren, Schwimmen und Skilanglaufen. Erst anstrengen und dann das glückliche Gefühl der Entlastung auskosten. Dieses Fallenlassen nach dem Sport, das ist so wundervoll. Wenn man spürt, dass man lebt und ein angenehmes Kribbeln den ganzen Körper durchströmt.

Ab in die Spur!
Wintersportfreuden in der Loipe sollte man ausgiebig auskosten. Hierzulande befinden sich drei prächtige Fernskirouten: Im Schwarzwald von Schonach nach Belchen über 100 km (www.fernskiwanderweg.de), im Bayerischen Wald die Bayerwaldloipe vom Großen Arber bis Neureichenau über 155 km (http://waldwinter.de) und im Vogtland und Erzgebirge die Kammloipe / Skimagistrale von Schöneck nach Altenberg über 200 km (www.kammloipe.de). Beim östlichen Nachbarn Tschechien sind der Böhmerwald (www.sumava.net) sowie das schneesichere Isergebirge (www.jizerskaops.cz, tagesaktuelle Schneehöhen unter: www.dudovi.cz) mit etwa je 200 km Loipen kleine ›Kanadas‹ vor der Haustüre‹.

Beim Skilanglauf ist das Verletzungsrisiko minimal. Bei kaum einer anderen Sportart werden bis zu neunzig Prozent der Muskeln trainiert und die Kondition gleichzeitig so sanft auf Trab gebracht. Durch die aerobe Dauerbelastung läuft die Fettverbrennung auf Hochtouren. Für Einsteiger sind Ski ideal, die man nicht wachsen muss. Diese besitzen auf der Lauffläche unter der Bindung kleine Schuppen, die als Steighilfe dienen. Manche meinen, der Skilanglauf wäre nichts weiter, als ein Sich-im-Schnee-Voranschieben, um nicht zu erfrieren. Ein irgendwie archaischer Sport, erfunden von alkoholabhängigen Finnen, die in langen Polarnächten in meterhohem Schnee in einem weit entfernten Laden für Nachschub sorgen mussten. Der Skilangläufer verhält sich zum Alpinskifahrer wie ein zwar wohlriechender aber schrumpeliger Apfel von der Streuobstwiese zum blitzblankrotbäckigen und formschönen Plantagenapfel, leider duftlos, aus dem Supermarkt. Der Skilangläufer wirkt angestaubt, die Angelsachsen nennen den Sport „Cross Country", „Querfeldeinlauf". Abfahrtsski heißt dort „Downhill", frei übersetzt: „im Affentempo den Berg runter". Langlaufen ist Bewegen und Nachdenken in Gottes schöner Natur. Ski Alpin ist Massenkonsum, Gedränge auf plattgewalzten Berghängen, stupides Anstehen artig in Reihe an Lift oder Gondel und Klimakillen mit Kunstschnee. Langläufer bleiben meist unter sich, selten nur muss ein Baum für ihre Passion fallen. Er erfreut sich an Eiskristallen und Puderzuckerfichten. Manchmal teilt er sein stilles Glück mit einem vorüberhoppelnden Häschen, einem Eichhörnchen oder Rehen, die auf Wiesen nach Futter scharren. Langläufer freuen sich über eine maschinengespurte 1-A-Loipe, sind aber auch Manns genug, ihre schmalen Bretter über Neuschnee zu schieben. Wird die Abfahrt zu temporeich, bleibt dem, der den Schneepflug nicht beherrscht, zu guter Letzt die Backenbremse. Viel mehr Fertigkeiten sind nicht nötig. Dagegen verletzen sich alljährlich Zehntausende alpine Skisportler so schwer, dass sie ärztlich behandelt werden müssen. Die Auswertungsstelle für Skiunfälle des Deutschen Skiverbandes registrierte 55 000 Fälle (Stand 2005/06).

Ausdauersportler haben nachweislich ein größeres Herz. Es schlägt bei gleicher Pumpleistung weniger oft, als das eines

Sportmuffels und hält so sehr wahrscheinlich um einige Jahre länger durch. Am Spruch „Sport ist Mord" ist trotzdem etwas dran. Die meisten Sportverletzungen gehen auf das Konto einer Überbelastung. Viele Freizeitläufer plagen sich im aneroben Bereich, d.h. die Muskulatur wird nicht mit genügend Sauerstoff versorgt, es bildet sich Milchsäure, Muskeln verhärten und schmerzen, wobei das Verletzungsrisiko steigt. Die Deutsche Sporthochschule in Köln untersuchte dieses Phänomen. Der Kölner Sportwissenschaftler Ingo Froböse sagt: „80 Prozent jedoch liefen zu schnell" (Focus 25/07, S. 81).

Der Laufreflex
Laufen ist die pure Unabhängigkeit bei maximalem Ergebnis, ein Erlebnis mit minimalen Kosten. Sind Sie gesund oder es gibt nach der Untersuchung beim Arzt keine Bedenken, trinken Sie Wasser oder Tee und dann laufen Sie los. Zwei bis drei Mal in der Woche vier bis fünf Kilometer in etwa 30 Minuten sind das Ideal. Joggen Sie im aeroben Bereich, im Sauerstoffüberschuss – nur dann werden auch das überschüssige Fett abgebaut, Krankheiten vorgebeugt und die Glückshormone ausgeschüttet. Für das gesundheitsfördernde Laufen gibt's einige Faustregeln: Laufen Sie zusammen mit einem Partner und können sie sich währenddessen problemlos unterhalten, ohne dass die Puste wegbleibt, ist alles im grünen Bereich. Auch mit der Atemtechnik, drei Schritte einatmen und drei ausatmen kann man nicht zu schnell laufen. Wer einige Minuten nach dem Zieleinlauf am liebsten die Welt umarmen möchte, hat alles richtig gemacht. Jogging hat sich zu einem Massenmarkt entwickelt, jedes Jahr kommt ein neuer ultimativer Laufschuh in die Regale, der noch mehr Komfort verspricht, als sein Vorgängermodell. Es muss aber nicht der teuerste Laufschuh sein. Wichtig ist vor allem eine gute Passform, das natürliche Abrollen des Fußes darf nicht verändert werden. Experten haben herausgefunden, dass es auch ein Zuviel an Dämpfung geben kann. Kniegelenke und Knorpel benötigen ihrer Ansicht nach die Stöße beim Auftreten, damit sich neue Gelenkschmiere bilden kann.

Gesunde Gelenke nutzen sich beim Laufen nicht ab, wie mitunter behauptet wird. „Sagen Sie das mal Ihrem Hund, Ihrer Katze. Dem Elefanten ... oder der Gämse. ... Die laufen jeden Tag. Und deswegen gibt es so viele Gämsen mit Arthrose oder künstlichem Hüftgelenk", scherzt Dr. Med. Ulrich Strunz in einem seiner Bestseller (forever young, Gräfe und Unzer, 5. Auflage 2004, S. 37). Eine Pulsuhr kann sicher nicht schaden, ist aber kein Muss. Ob man Baumwolltrikot oder High-Tech-Faser bevorzugt, ist eine persönliche Geschmacksfrage.

Unter Naturvölkern sind Gelenk- oder Rückenschmerzen selten und sie besitzen erstaunliche athletische Fähigkeiten. Der Schweizer Ingenieur Karl Müller untersuchte dieses Phänomen beim ostafrikanischen Stamm der Masai, nachdem sich seine akuten Rückenschmerzen durch Barfuss laufen über Reisfelder verflüchtigten. Müller entwickelte die Masai-Barfuss-Technologie (MBT), einen Schuh, der den Körper in jene natürliche Instabilität versetzt, der er ansonsten nur beim Barfuss gehen auf weichen Böden ausgesetzt wird. Der MBT-Sohlengänger muss die 3-D-Instabilität des Körpers beständig durch Muskelarbeit ausgleichen. Dabei werden ansonsten kaum genutzte Muskeln an Bauch, Gesäß, Rücken, Oberschenkeln und den unteren Extremitäten aus ihrem Schlaf geweckt, die Haltung wird um etwa 10 Prozent aufrechter, das gesamte Stütz- und Haltesystem des Körpers angeregt und gefordert. MBT-Schuhe sind kein kurzlebiger Modegag, sondern ein fantastisches neues sportmedizinisches Trainingsgerät für den Aufenthalt im Freien, im orthopädischen Fachhandel zu bekommen.

Wandern, auch kräftiges Ausschreiten beim Spazieren gehen, ist gesund und bessert die gute Laune. So wurde in Schweden festgestellt, dass bei Bilderbuchwetter weniger Antidepressiva verabreicht werden, als an trüben Sommertagen. Der Psychologe Terry Hartig von der Uni Uppsala sagt: „Die Menschen gehen seltener ins Freie und sind eher in gedrückter Stimmung" (Focus 1/2008, S. 69). Etwa 10 000 Deutsche jährlich begehen Selbstmord, bei den 25 bis 30jährigen Männern geht der Freitod mit einem Fünftel aller Fälle in die Statistik ein. Die Glücksdroge Sport hätte vielen helfen können, auf andere Gedanken zu kommen.

An heißen Sommerabenden ist das Schwimmen im Badesee eine willkommene Alternative zum Joggen. Laufen in der oft schwülen oder staubtrockenen Luft ist dann kein Vergnügen mehr. Besser und auch kostenlos: Abends eine halbe Stunde zum See radeln, eine halbe Stunde schwimmen und wieder nach Hause zurück. Insbesondere das Rückenschwimmen ist angenehm fürs Kreuz, allerdings auf Dauer sehr anstrengend. Angenehmer ist eine Abwandlung der Technik. Dabei werden die Arme nicht wie beim Kraulen benutzt, sondern parallel nahe vom Körper auf und ab bewegt. Die geschlossenen Finger der flachen Hand bilden dabei ein kleines Paddel.

Hat man sich diese komfortable Technik angewöhnt, sind auch längere Distanzen ein Klacks. Dabei werden die Beinmuskulatur gestärkt und die Kniegelenke sanft trainiert. Brustschwimmen ist auf längeren Strecken nur anzuraten, wenn Sie bei jedem Schwimmzug abtauchen, ansonsten besteht die Gefahr von Hals- und Nackenverspannungen. Durch die Bewegung gegen den Widerstand des Wassers wird beim Schwimmen vermehrt Kalzium in Knochen und Nährstoffe in die Gelenke gefördert und die Fettverbrennung steigert sich im Wasser um etwa 40 Prozent. Außerhalb der Freiluftbadesaison bieten viele Schwimmhallen besondere Spartarife in den Früh- oder Abendstunden an, die oft auch einen Saunabesuch einschließen.

Radfahrphilosophisches
„Die Beliebtheit des Fahrradfahrens hat weltweit zugenommen. ... es ist die Millionen mobilisierende Erkenntnis, dass Fahrradfahren die Gesundheit erhält und zu Erhöhung der Lebensfreude beiträgt. Der Schlüssel dafür liegt bei jedem selbst und heißt: Mitmachen!" (›Mein Fahrrad‹, Eberhard Jennrich, VEB Verlag Technik Berlin, 4. Auflage 1989, Rückumschlag).

Wer sich mit dem Fahrrad öfters auf Tour oder gar auf eine Langzeitreise begibt, kauft es nicht im Baumarkt. Akzeptable Trekkingräder sind ab etwa 600 bis 700 Euro erhältlich, nach oben ist die Skala offen. Bei Billigrädern wird vor allem an den vielen Einzelkomponenten gespart – und gerade auf die muss man sich unterwegs verlassen können. Wichtig ist die exakte Einstellung der Sattelhöhe, zwei bis drei Zentimeter zu hoch eingestellt, kann das vor allem bei vielen Bergetappen, auch bei jüngeren Globetrottern, einen Bandscheibenvorfall provozieren. Um die geeignete Höhe herauszufinden, gehen Sie zu zweit wie folgt vor: Das Fahrrad wird in einen Vorderradständer geschoben. Der Partner hält das Rad am hinteren Rahmen. Die Fersen müssen während des Rückwärtstretens auf der Pedale bleiben. Wenn das Becken sich dabei links und rechts auf und ab bewegt, wird der Sattel in Ein-Zentimeter-Schritten abgesenkt bis es bei Bewegung ausgeglichen ist, dann arbeiten nur die Muskeln, die Bandscheiben werden nicht überlastet.

Sichere Fahrradhelme und funktionelle Sportbekleidung, ausgenommen Radlerhosen, wo häufig Nähte stören, kann man oft günstig beim Discounter kaufen. Funktionelle, atmungsaktive Fahrradbekleidung besitzt einige Vorteile: Abends mit Feinwaschmittel aus der Tube per Handwäsche gereinigt, sind die Sachen am Morgen wieder trocken und einsatzbereit. Und die Funktionskleidung macht sich klein im Gepäck, so kommt man auch wochenlang mit sehr wenig Garderobe aus. Packtaschen, Zelt und Schlafsack hingegen sind auf Reisen so hohen Anforderungen ausgesetzt, dass man hierbei nur auf Markenqualität setzen sollte. Bei guter Pflege halten diese dann 10 bis 15 Jahre, so relativiert sich meist der hohe Preis. Neben Reparatur- und Erste-Hilfe-Set mit Zeckenzange und Ersatzschlauch sollte man auch ein Kettenschloss, einige Ersatzspeichen, Speichenschlüssel und Kabelbinder einpacken. Ein stabiler Seitenständer macht sich bezahlt, denn oft gibt es keine Möglichkeiten, das bepackte Rad sicher anzustellen. Zur gleichmäßigen Lastenverteilung hat sich der Frontträger (Lowrider) bewährt. In die Vorderradtaschen kommen all die Dinge, die man tagsüber häufig braucht. So entfällt das lästige Ab- und Aufladen von Zusatzgepäck über den Hinterradtaschen.

Wichtig für Nichthelmträger ist zumindest eine textile Kopfbedeckung, für alle Pflicht: Sonnenbrille und Sonnenschutzcreme, denn mittlerweile darf man die Gefahren durch übermäßige Strahlung auch bei Touren in Mitteleuropa nicht mehr unterschätzen.

Der Jungbrunnen Sauna
„Den Tag, den Du in der Sauna verbringst, wirst Du nicht älter", besagt ein russisches Sprichwort. Übers Winterhalbjahr jede Woche, ansonsten alle 14 Tage ist die Regel. Nehmen wir an, Sie halten diesen Rhythmus ab einem Alter von 20 Jahren über fünf Jahrzehnte durch, dann kommt man bei etwa 30 Saunabesuchen pro Jahr auf insgesamt 1500 Saunatage. Mit einiger Sicherheit stehen auf dem Lebenskonto dann vier Jahre extra gut geschrieben. „In der Sauna verraucht der Zorn", meinen die Finnen. Auch das werden trainierte Saunagänger bestätigen.

Die Wärme der Sauna veranlasst den Körper zu einer Erweiterung der Blutgefäße in der Haut, die so trainiert werden und fit sind für krasse Temperaturschwankungen innerhalb weniger Tage. Zu hoher Blutdruck normalisiert sich. Obwohl die Schweißverdunstung die Haut kühlt, erhöht sich die Temperatur im Körperinneren um etwa 1°C, in der Haut um 10°C. Sauna entfacht ein „kleines" Fieber. Genau wie während eines „richtigen" Fiebers bilden sich dabei Abwehrstoffe gegen Infekte. Regelmäßige Saunagänger halten ihr körpereigenes Depot mit Verteidigungsmitteln ständig gut gefüllt, eine Erkältungswelle überstehen sie meist ungeschoren. Erwischt es einen Saunaabgehärteten dennoch, dauern Schnupfen und Husten nur kurz, starkes Fieber tritt so gut wie nie auf. Im Durchschnitt verleidet sich jeder deutsche Nichtsaunagänger drei komplette Lebensjahre mit Fieber, Husten, Rotz & Co.

Damit Saunabaden wirklich Glücksgefühle auslöst, sind einige Hinweise zu beachten. Wenn Sie das erste Mal in die Sauna gehen, werden Sie womöglich kaum schwitzen. Das ist normal, denn der Körper muss erst daran gewöhnt werden.

Etwa fünf Saunabesuche in wöchentlichem Abstand sind dafür zu absolvieren.

Gehen Sie weder hungrig noch mit vollem Magen zum Schwitzen. Obwohl viele Besucher die Bar an der Sauna belagern oder Mitgebrachtes trinken, besser erst nach dem letzten Saunagang trinken. Ansonsten funktioniert die Entschlackung des Körpers nicht optimal und Sie bringen sich um einen wesentlichen Gesundheitseffekt der Sauna. Die benötigte Flüssigkeit zum Temperaturausgleich zieht sich der Körper aus den Organen. Wenn Sie zwischendurch trinken, wird auch hier der Weg des geringsten Widerstands gegangen. Der Körper nimmt die Flüssigkeit dann aus dem Magen.

Die Goldenen Regeln:
1. Duschen und „Problemzonen" gründlich waschen, da hiesige Schweißablagerungen im Saunaraum müffeln und andere Gäste verärgern.
2. Ist der Sauna eine Schwimmhalle angeschlossen, ist es angeraten, gleich zu Beginn 20 bis 30 Minuten zu schwimmen. Sportliche Aktivitäten zwischen den Saunagängen oder danach sind der Erholung abträglich.
3. Erster Saunagang. Die Regel: Besser heiß und kurz schwitzen und spätestens nach fünfzehn Minuten die Kabine verlassen. Anfänger gehören auf die untere Stufe. Die Füße sollen sich immer auf gleicher Höhe mit dem Körper befinden, d.h. Liegen oder beim Sitzen die Füße mit auf die gleiche Stufe nehmen.
4. Nach dem Verlassen der Sauna sogleich einige Minuten an die frische Luft gehen, damit sich die Lungen abkühlen können. Im Winter ist es äußerst angenehm, den schwitzenden Körper mit Schnee abzureiben – sofort hört das Schwitzen auf. Aufgepasst bei Altschnee: Die winzigen Eiskristalle können die Haut verletzen.
5. Jetzt unter die kalte Dusche und dann ins Abkühlbecken.
6. Mit einem warmen Fußbad aufwärmen.
7. Im Ruheraum, in der warmen Jahreszeit auch draußen im Halbschatten, etwa fünfzehn Minuten, am besten auf einer

Liege verweilen. Dicke Socken verhindern ein wiederholtes Auskühlen der Füße nach dem Fußbad.

8. Zweiter Saunagang. Jetzt wäre die Teilnahme an einem Aufguss empfehlenswert. Dabei steigt die Luftfeuchtigkeit stark an, die Temperatur um 90 bis 100°C tötet Bakterien und Viren ab. Durch das Handtuchwedeln des Saunameisters wird die Umgebungstemperatur des Körpers erhöht und man schwitzt intensiver. Es wird vermutet, dass solch ein fachmännischer Aufguss auch einem Grippevirus den Garaus machen könnte.

9. Punkte 4.-7. wiederholen.

10. Ein dritter Saunagang kann, muss aber nicht sein: Aus medizinischer Sicht bringt ein Mehr nichts mehr, erhöht aber vielleicht das persönliche Wohlbefinden.

Nach der Sauna fühlt man sich wie frisch geschlüpft, eine wahre Wonne. Um den Kreislauf nicht weiter zu belasten, kommt es jetzt darauf an, die ausgeschwitzte Flüssigkeit schnell wieder aufzufüllen. Dafür sind Mineralwasser, Apfelsaftschorle, kalter Kräutertee aber auch ein alkoholfreies Bier ideale Durstlöscher.

Glücklich durch gesunde Lebensweise

"Vorbeugen ist besser als heilen" (Volksweisheit)

"Weniger fressen, weniger saufen, mehr Bewegung, dazu vernünftige Zahnpflege und Körperhygiene, weitgehender Verzicht auf Fertigprodukte und einseitigen überzuckerten und übersalzenen Junkfood, schon sind alle viel gesünder." (Resonator, mmnews.de, 4.02.12).

"Nur in mußevoller, durch keinerlei notwendige Verrichtung gestörter Kontemplation könne sich der Mensch zu einem geistigen, religiösen und politischen Wesen entwickeln, während man sich seiner Arbeit nur dann hingeben sollte, wenn es eine existenzielle Not erfordere, da jede körperliche Tätigkeit den Geist abstumpfe und den Charakter verderbe", umreißt Wolfgang Schneider in seiner ›Enzyklopädie der Faulheit‹ das pfiffige Ansinnen unserer antiken Vorfahren. Wahrscheinlich war selbst die Sklaverei im alten Rom weniger anstrengend, als von vielen Zeitgenossen vermutet: Die Regelarbeitszeit betrug nur sechs bis sieben Stunden. Heute muss ein deutscher Vollzeitbeschäftigter länger schuften, weit über die Jahresmitte ausschließlich für staatliche Pflichtabgaben!

Im späten Mittelalter waren Müßiggang und Faulenzen nicht geächtet. Erst die Reformation hat der beständigen Erfüllung irdischer Aufgaben und Pflichten jenen gesellschaftlichen Stellenwert zugeordnet, den Arbeit bis heute inne hat. Das Lebenstempo verdoppelte sich durch die Industrialisierung in den letzten zweihundert Jahren, denn Zeit ist Geld. Heute klagen 80 Prozent der über 14jährigen Deutschen, dass sie sich durch Lehre oder Beruf überfordert fühlen und jeder zweite Manager leidet am Burnout-Syndrom. Die Globalisierung beschleunigt diesen Trend. Der amerikanische Psychologieprofessor Robert Levine sagt in einem Interview: „Der wichtigste Zusammenhang besteht aber zwischen Lebenstempo und Wirtschaftskraft eines Landes. In Ländern mit hohem Pro-Kopf-Einkommen und hoher

Kaufkraft finden wir immer auch eine hohe
Lebensgeschwindigkeit vor" (akzente, Heft 01/2007, S. 45).
Vor allem das Risiko an Herzerkrankungen steigt hier
dramatisch. Die große Kunst besteht nun darin, die Balance
zwischen Arbeiten und Ausruhen zu finden. Der Gerontologe
Professor Dr. Peter Axt fordert in seinem Buch ›Vom Glück
der Faulheit‹ ein Ende des Lebens nach dem Formel-Eins-
Prinzip, stattdessen mehr Muße und süßes Nichtstun. „Wer
lange ausschläft, bleibt auch länger fit", lautet seine
Überzeugung. Auch die bislang gern als so arbeitsam zitierten
Vorbilder aus dem Tierreich, die „emsigen Ameisen" oder
„fleißigen Bienchen", sind in Wahrheit eher Genießertypen.
Ameisen ruhen knapp 80 Prozent ihres Lebens. Arbeitsbienen
im Außendienst besuchen ihre Nektarquellen nur an einem
Drittel des Tages, die restliche Zeit fressen sie an den zuvor
gesammelten Vorräten. Genetische Faktoren sind bei
angestrebter Langlebigkeit nicht das Maß aller Dinge.
Christoph Bamberger vom Uniklinikum Hamburg sagt: „Viel
mehr bewirkt der Lebensstil. Zu 60 bis 70 Prozent werde das
Tempo des Alterns dadurch bestimmt" (Der Tagesspiegel,
29.08.07, S. 2).
Schaffen Sie sich Zeitoasen. Dösen, Innehalten,
Mucksmäuschenstille, Entscheidungen vertagen. Verplanen
Sie nie den ganzen Tag. Nur so schafft man sich
Gestaltungsfreiräume, die beruhigend wirken, weil sie
Alternativen zulassen. Der gemeine Bundesbürger hat das im
hektischen Alltag verlernt: „Der Deutsche möchte gerne
pausenlos entscheiden, ... zwischen Urlaub auf den Kanaren
und Urlaub in den Alpen, zwischen demnächst 180
Fernsehkanälen und 18 Sorten Lattemacchiato halbfett bei
Starbucks Coffee. Wo alles immerzu möglich ist, sind Pausen
nicht vorgesehen" (Ursula Ott, chrismon, 02/2007, S. 16). So
hat sich inzwischen nicht nur das genüssliche Wort
›Kaffeepause‹ beinah aus dem deutschen Sprachschatz
verkrümelt, sondern auch die kleine Pause im Arbeitsalltag als
solche. Das Mittagsschläfchen kommt gar völlig aus der
Mode. Glückliche Menschen können nicht davon lassen –
auch wenn es sich auf Arbeit wahrscheinlich nur um einen 10-

Minuten-Traumgang am Schreibtisch handeln kann. Wer kurz schlummert, killt den Stress. Wer es sich leisten kann, soll sich eine nachmittägliche Pause gönnen. Haben Sie sich in Ihrem Urlaub am Mittelmeer nicht schon einmal gefragt, warum viele Südländer das Leben oft so leicht und locker nehmen? Neben der mediterranen Küche kommt der Siesta dabei sicher eine Schlüsselrolle zu. Hat man sich nach dem Mittag für ein Weilchen ausgeruht, kann man gestärkt auch die zweite Tageshälfte ohne grimmiges Gesicht bewältigen. Tatsache ist, allein das Mittagschläfchen senkt die Wahrscheinlichkeit für einen Herztod beim Mann um gut 30 Prozent, bei Berufstätigen sogar um knapp 70 Prozent.

Wie man sich bettet, so schläft man
Das wichtigste Möbel in unserer Wohnung ist das Bett, denn rund ein Drittel des Lebens schläft der Mensch. In einem Zeitraum von fünf Jahrzehnten bettet man sich knapp zwanzigtausendmal, dazu kommen die gelegentlichen Mittagschläfchen. Ein erholsamer Schlaf ist die Basis für Gesundheit, Wohlbefinden und Lebensqualität. Genug Gründe, um sich bei der Wahl des „richtigen" Bettes einige Gedanken zu machen. Beinah 80 Prozent der Deutschen plagen sich irgendwann im Leben mit quälenden Rückenbeschwerden herum. Als Sündenbock muss dann oft eine durchgelegene oder vermeintlich zu weiche oder zu harte Matratze herhalten. Marcus Schiltenwolf, Fachleiter für orthopädische Schmerztherapie an der Uniklinik Heidelberg weiß es besser: „Durchgelegene Matratzen sind keine Ursache für Rückenschmerzen. Das meinen nur Verkäufer, die damit ihr Geld verdienen" (Der Tagesspiegel, 4.03.08, S. 12). Die Weltgesundheitsorganisation WHO hat auf allen Erdteilen bei 85 000 Menschen nachgefragt. Das verblüffende Resultat: Rückenbeschwerden sind allgegenwärtig, unabhängig davon, ob die Betroffenen auf dem Fußboden, der Bambusmatte, auf Matratzen mit kaputten Sprungfedern oder nagelneuen Sieben-Zonen-Komfortmatratzen schlafen.

In jungen Jahren bis Ende Zwanzig hat der Mensch zumeist keine Probleme und kann fast überall gut schlafen. Erst in der

Lebensmitte stören verspannte Muskeln zunehmend das nächtliche Wohlbefinden und man gibt sich bei Matratzenlagern die Klinke in die Hand. Alljährlich gehen in Deutschland etwa sechseinhalb Millionen Schlafunterlagen über die Ladentheken, doch die orthopädisch perfekte Matratze gibt es nicht. Für viele Schlaf- und Schmerzgeplagte sind Wasserbetten die letzte Hoffnung. Diese Betten kommen ganz ohne Zonen aus. Hier drückt nichts, hier schmiegt sich warmes Wasser perfekt dem Körper an und gibt auf den leisesten Druck hin nach. Die Wirbelsäule entspannt in jeder Lage in ihrer natürlichen Doppel-S-Position. Nach dem Hineinsinken macht sich sogleich ein Gefühl der Geborgenheit breit. Jede konventionelle Matratze übt Druck auf den Körper aus, der die störungsfreie Blutzirkulation behindert. Blutstau und Muskelspannungen führen dazu, dass sich der Schlafende bis zu 50 Mal pro Nacht dreht und die Tiefschlafphase häufig unterbrochen wird. In einem Wasserbett dreht man sich nur vier bis sieben Mal, die Tiefschlafphasen sind entsprechend länger als bei herkömmlichen Betten.

Wasserbettschläfer wollen ihr Bett niemals mehr hergeben. Gut ausgeschlafen erwacht, gehen glückliche Wasserbettschläfer jeden Morgen schwungvoll das Leben an. Wo viel Licht, da ist zumindest auch ein wenig Schatten: Das Gerücht, dass Männer im Wasserbett impotent werden, da das warme Wasser die Menge und Güte des Samens beeinträchtigt, kann jüngere Männer vom Kauf vielleicht abschrecken. Durch die Heizmatte im Wasserbett werden Magnet- und Spannungsfelder aufgebaut, deren Dauerpräsenz der Gesundheit schaden kann. Moderne Heizungen verfügen zwar über eine programmierbare Tag- und Nachtabschaltung, doch noch sicherer ist das Stecker ziehen vor dem Zubettgehen.

Die Selbstheilungskräfte fördern ...
Dass Rauchen Herz-, Gefäß- und Krebserkrankungen begünstigt, muss nicht betont werden. Weniger bekannt ist, dass bei Rauchern durch die Nikotinaufnahme auch das Hirn

schrumpft. Väter, die stark rauchen, während ihre Spermien reifen, gefährden nicht nur sich selbst, sondern auch ihren Nachwuchs. Die so gezeugten Kinder haben ein höheres Risiko, später an Fettleibigkeit zu erkranken. Zum Zigarettenkonsum gesellen sich oft noch Alkoholmissbrauch, Bewegungs- und Schlafmangel, Ernährungsfehler und Medikamentensucht. Die Liste der Alltagssünden, welche der Gesundheit schaden, ist lang. Wollen Sie in Zukunft gesünder leben, gilt es bei diesen Verfehlungen zu allererst anzusetzen. Daneben existieren viele Möglichkeiten, die Selbstheilungskräfte des Körpers zu unterstützen. Da oft kraft- und zeitaufwändig, kommen sie für die Meisten nicht mehr in Betracht, auch dann nicht, wenn sie kostenlos verfügbar sind.

... mit Kräutern und Honig

Leider ist es der Pharmaindustrie in den letzten Jahrzehnten gelungen, die meisten Konsumenten zu benebeln und mit einer uneingeschränkten Pillengläubigkeit an sich zu ketten. Einst gehörte die Verwendung von Naturmedizin zum Allgemeinwissen und wurde von Generation zu Generation weitergegeben. Heute leben wir in einer Zeit, in der viele Menschen nicht mehr fünf Baumarten voneinander unterscheiden können, geschweige denn in der Lage sind, ein wohlfeines Kräuterlein zu finden. Wer sich auskennt, für den kann sich das Kräutersammeln zu einer Leidenschaft entwickeln, ähnlich wie andere Ansichtskarten, Briefmarken oder Münzen zusammentragen.

Tipp zum Weiterlesen: ›Gesundheit aus der Apotheke Gottes‹ von Maria Treben, Verlag Wilhelm Ennsthaler, Steyr. Hier sind die Ratschläge, Erfahrungen und Anwendungsarten mit heimischen Heilkräutern auch für den Anfänger verständlich beschrieben. Seit der Erstauflage im Jahre 1980 ein Dauerbrenner in der Kräuterkunde.

Kräutersammler tauchen tief in die Zusammenhänge von Natur und Schöpfung ein. Sie reagieren sensibel auf Umweltschäden und bemerken es zuerst, wenn Pflanzen plötzlich verschwinden. Beginnen Sie das Sammeln zuerst mit

Allerweltspflanzen, die man nicht verwechseln kann: Brennnessel, Huflattich, Breit- und Spitzwegerich, Holunderblüten, Labkraut, Lindenblüten, Brombeer- und Himbeertriebe. Die Kräuter werden zuhause locker an einem schattigen und trockenen Ort auf Backpapier ausgelegt und öfters gewendet. Erst wenn das Sammelgut vollkommen trocken ist, wird es am besten in Schraubgläser abgefüllt und lichtgeschützt aufbewahrt. Mit der Erfahrung werden Sie immer mehr Kräuter kennen lernen. Schöpfen Sie Ihr Wissen nicht nur aus Fachbüchern, auch auf Wochenmärkten oder in der Kräuterapotheke hilft man gern bei Unsicherheiten. Wohlgemerkt: Gegen (fast) jede Krankheit ist zwar ein Kraut gewachsen, aber mit unsachgemäßer Verwendung oder bei Verwechseln kann man seiner Gesundheit auch Schaden zufügen. Darüber hinaus wird durch wissenschaftliche Studien das Wissen um viele Kräuter immer detaillierter. So soll man nach neuestem Stand z.B. Huflattich nicht länger als sechs Wochen hintereinander verwenden.

Die gesammelten Schätze aus der Natur helfen nicht nur einzeln bei vielen Wehwehchen. In vielen Pflanzen stecken wertvolle Inhaltsstoffe, die der moderne Mensch über die meist industriell gefertigte Nahrung nicht mehr ausreichend aufnimmt. Monate- oder gar jahrelange Mangelerscheinungen schwächen das Immunsystem und der Ausbruch von Krankheiten wird wahrscheinlicher. Beispielweise enthält das viel gescholtene Unkraut Brennnessel mehr als das Doppelte an Vitamin C als die Zitrone, siebenmal mehr als Süßkirschen und zehnmal mehr als Äpfel und Kartoffeln! Daneben findet man die Vitamine A, B_2 und K. Hundert Gramm Brennnesseln sind die Quelle für 41 Milligramm Eisen, 1,3 Milligramm Kupfer, 8,2 Milligramm Mangan, 4,3 Milligramm Bor, 2,7 Milligramm Titan und 0,03 Milligramm Nickel. Als vorzüglich-aromatischer Mischtee getrunken, im Winter heiß, im Sommer kalt, helfen die Kräuter das ganze Jahr über, die Gesundheit zu stärken. Für die Mischteezubereitung sind geeignet: Brennnessel, Brombeer- und Himbeertriebe, Fichtentriebe (sparsam), Frauenmantel, Hagebuttenblüten, Hirtentäschel, Hopfenzapfen, Holunderblüten,

Huflattichblüten und -blätter (sparsam), Kornblumenblüten, Lavendelblüten (sparsam), Lindenblüten, Ringelblume, Rosenblätter (nicht bei chemischer Düngung), Johanniskraut, Königskerzenblüten, Lungenkraut, Pfefferminze, Salbei, Selbstklimmendes Labkraut, Veilchen, Walderdbeerblätter, Waldmeister und Wildes Stiefmütterchen. Wie bei einem Winzer, der in jedem Jahrgang einen besonderen Geschmack erwartet, mundet selbstbereiteter Tee immer ein wenig verschieden. In einem Schraubglas mit hübschem Deckel und Schleifchen sowie selbstgestaltetem Etikett ist der eigene Mixtee auch als individuelles Geschenk ein echter Hingucker.

Um einen Gemüsesalat aus Gurken, Paprika, Tomaten und Zwiebeln aufzuwerten, kann man reichlich Giersch, Löwenzahn-, Breit- und Spitzwegerichblätter sowie Vogelmiere untermischen. Giersch mit seinem angenehmen Petersilienaroma besitzt den 15-fachen Vitamin-C-Gehalt gegenüber Kopfsalat und wirkt zusätzlich vorbeugend gegen Gicht und Rheuma – und das gratis!

Naturbelassener und nicht wärmegeschädigter Honig eignet sich hervorragend für die Wundbehandlung. „Wird Honig durch Wundsekret verdünnt, setzt ein Bienenenzym den Bakterienkiller Wasserstoffperoxid frei. In einem Honigverband entsteht innerhalb einer Stunde eine 1000fach höhere Peroxidkonzentration als in der desinfizierenden Standardlösung aus der Apotheke" (Stern Gesund Leben, Heft 6/2005, S. 5).

... mit Schwedenbitter

Was für ein seltsamer Name für eine universell verwendbare Kräutermedizin, zumal die darin enthaltenen Bestandteile wie Aloe, Safran und Sennes nicht im hohen Norden zu finden sind. Die Mixturanleitung überlieferte der schwedische Arzt Dr. Samst, der angeblich mit 104 Jahren vom Pferd fiel und verstarb. Die Abschrift in Maria Trebens Bestseller ›Gesundheit aus der Apotheke Gottes‹ vermerkt 46 Anwendungspunkte für fast jede Krankheit. Persönlich wurde diese Wundermedizin bei plötzlich auftretenden Schmerzen in der Hüfte, bei vielerlei Wunden, Insektenstichen,

Kopfschmerzen und Entzündungen in der Mundhöhle erfolgreich angewendet.

Schwedenbitter bekommen Sie fertig in der Kräuterapotheke oder als Trockenkräuter zum Ansetzen mit 38 bis 40%igem Kornbranntwein. Vorbeugend trinkt man morgens vor dem Frühstück einen Teelöffel mit Wasser oder Tee verdünnt. Viele Entzündungen und Schmerzen sowie schlecht heilende (auch eiternde) Wunden verschwinden, wenn man die betreffende Körperstelle mit einem Schwedenbitter-Umschlag behandelt. Zuerst wird die Haut mit Ringelblumensalbe eingefettet, da der Alkohol die Haut ansonsten stark austrocknet. Ein Zellstofftuch wird mit Schwedenbitter getränkt und auf die entzündete oder schmerzende Stelle gelegt. Darüber kommt eine Plastikhaut (z.B. aus einer Einkaufstasche ausgeschnitten) zum Schutz vor Durchnässen, darüber wird eine Binde gewickelt. Das Ganze lässt man vorzugsweise mehrmals über Nacht einwirken und wird morgens wiederholt mit Ringelblumensalbe eincremt. Tritt nach 2 bis 3 Tagen keine Besserung ein, ist ein Besuch beim Heilpraktiker anzuraten.

... mit Massagen

Die Massage ist die wahrscheinlich älteste Methode der Physiotherapie und wurde bereits vor über zweitausend Jahren von Chinesen, Hindus, Griechen und Römern angewandt. Die klassische Massage führt zu einer Verbesserung der Hautelastizität, fördert die Durchblutung, regt die Atmung und den Kreislauf an, beseitigt Verspannungen und Muskelschmerzen und wirkt beruhigend, entspannend und schlaffördernd. Zur Entspannung und bei Beschwerden können auch gegenseitige Partnermassagen das Wohlbefinden spürbar erhöhen. Man kann dafür selbstzubereitetes Johannisöl verwenden. Sanft über den Körper streichen oder kräftiger kneten, richtig ist, was gefällt.

Die Fußreflexzonenmassage wurde in der westlichen Welt erst in den 1960er Jahren wiederentdeckt. Diese Therapie kannten bereits die Maya-Indianer und die Chinesen vor Tausenden Jahren. „Füße lügen nicht", sagt der türkische

Heilpraktiker Kemal Yurdaer in seiner Praxis am Strand von Side. Er kann Leiden wie Asthma, Bluthochdruck, Herz-, Nieren- und Leberprobleme sowie Rheuma (aber leider keine Tumore oder Virenkrankheiten) in vielen Fällen heilen sowie versteckte Krankheiten mit Sicherheit diagnostizieren, auch solche, die man heute noch nicht mit Röntgen, Ultraschall, Labortests oder technischen Hilfsmitteln feststellen kann. Bei der Reflexologie werden die Fußsohlen mit den Händen gereizt, um so den Blutkreislauf zu stimulieren und dem menschlichen Körper die Möglichkeit zur Selbstheilung zu geben.

Jedem Bereich am Fuß ist ein Körperteil oder Organ zugeordnet, die 96 Reflexzonen am Fuß bilden den menschlichen Körper ab, übersichtlich und detailliert auf der Farbabbildung ›Reflexzonen der Füße‹ von Hanne Marquardt dargestellt. Der Fuß wird zuerst mit einer Massagecreme eingeschmiert, um das Gleiten zu erleichtern. Mit einer Hand wird der Fuß abgestützt, meist kommt ein Daumen, manchmal auch beide oder drei Finger zum Einsatz. Um bestimmte Körperzonen anzuregen, wird die betreffende Stelle kräftig massiert. Beispielsweise kann mit der intensiven Massage der großen Zehen die Sauerstoffversorgung im Gehirn anregt werden, was man oft sogleich spürt. Über das Anregen der Kontaktstellen am Fuß sind auch Störungen an der Skelettmuskulatur positiv zu beeinflussen. So ist auf der Innenseite des Fußes die Wirbelsäule abgebildet. Schmerzt beispielsweise ein Lendenwirbel, dann spüren Sie auf Druck an der betreffenden Fußstelle auch einen gewissen Schmerz. Durch Raupenbewegung mit dem Daumen ist hier eine Linderung zu erreichen. Ein träger Darm kann schnell auf Trab gebracht werden: Streichen Sie am rechten Fuß von der Ferse zur Fußmitte, von unten nach oben. Auch bei der Fußmassage kann man im Prinzip nichts falsch machen. Nur wenige Erkrankungen verbieten die Fußmassage, wie z.B. Entzündungen im Venen- und Lymphsystem. Fragen Sie deshalb den Heilpraktiker. Mit der Zeit lernt man die Technik, die am angenehmsten wirkt. Liegt eine Störung oder Krankheit vor, dann schmerzt es oft auf Druck an der dem

Organ entsprechenden Stelle am Fuß. Die gegenseitige Massage der Füße löst Wohlbehagen und Glücksgefühle aus, die den ganzen Körper durchströmen. Somit ist die liebevolle Behandlung der Füße auch ein effektiver Beitrag, die Partnerschaft zu festigen. Als krönender Abschluss der Fußbehandlung ist eine kurze Kopfmassage zu empfehlen. Das spezielle Massagegerät erinnert an einen aufgeplatzten Schneebesen und ist für etwa 10 Euro erhältlich. Durch mehrmaliges Auf- und Abstreichen wird die Entspannung vollendet: Die freigesetzten körpereigenen Glückshormone wirken auch Kopfschmerzen und Schuppenbildung entgegen. Die durchblutungsfördernde Wirkung verbessert das Denkvermögen und regt das Haarwachstum an.

... mit Gymnastik
Ob Sie Stress abbauen möchten, etwas Gewicht verlieren oder dem Älterwerden ein Schnippchen schlagen wollen, Sie an Antriebslosigkeit, Muskelschwäche und an Rückenproblemen leiden, Ihre Verdauung nicht optimal funktioniert: Regelmäßige Gymnastik trägt dazu bei, die Selbstheilungskräfte des Körpers zu aktivieren und Beschwerden mittelfristig zu lindern oder zu heilen. Mit Rückenproblemen haben die meisten Deutschen zu kämpfen. Oft ist eine Funktionsschwäche der Muskulatur die Ursache. Das gilt für verspannte und verkrampfte Muskeln genauso wie für Muskeln, die durch Bewegungsmangel verkümmern und ihre ursprüngliche Leistungskraft eingebüßt haben. Mit Dehn- und Kräftigungsübungen für den Hals-, Nacken- und Schulterbereich sowie für die Rückenmuskulatur können Sie mit regelmäßigem Training und gezielten Übungen effektiv Abhilfe schaffen. Das Alter spielt hierbei nur eine untergeordnete Rolle, denn die Muskulatur lässt sich bis zum Lebensende trainieren. Für jedes Wehwehchen gibt es eine entsprechende Übung. Erwarten Sie keine Wunder, doch mit wachsender Ausdauer, Kraft und Sicherheit lassen persönliche Erfolgserlebnisse nicht lange auf sich warten. Wichtig ist das regelmäßige Training für etwa 15 Minuten bei geöffnetem

Fenster, wenn Sie am selben Tag nicht bereits mit anderem Ausdauersport für Ausgleich und Fitness gesorgt haben.

Außer einer Iso- oder Gymnastikmatte, einem kleinen Kopfkissen und eventuell Gymnastikball (Overball) oder Pysioband werden keine weiteren Utensilien benötigt.

Zu den Standardübungen gehören Kopfstand und ›Kerze‹ (der Kopf liegt auf dem Boden, Oberkörper und Füße werden nach oben gestreckt). Beide Positionen gelten auch beim Yoga als die besten aller Übungen, weil dabei der gesamte Körper angeregt und entspannt wird. Die ›Heuschrecke‹ (man liegt bäuchlings, die ausgestreckten Arme und geschlossenen Beine werden gleichzeitig angehoben und man verharrt in dieser Position solange wie möglich) dehnt die Wirbelsäule, macht sie gelenkig, strafft Bauch und Po und hilft bei Problemen mit den Bandscheiben. ›Rock´n Roll‹ (das Rollen mit bis zum Kopf angezogenen Knien auf der Wirbelsäule hin und zurück) macht die Wirbelsäule biegsam und verscheucht alle Verspannungen im Nacken. Beinah alle Muskeln trainiert man mit der ›Eisenstange‹. Dabei liegen jeweils Kopf und Schulterbereich sowie die Waden auf einer festen Unterlage. Der übrige Teil des Körpers bildet beim Anspannen eine gerade ›Stange‹.

Tipp zum Weiterlesen: ›Yoga. Übungen für jeden Tag‹ von Kareen Zebroff, Fischer Taschenbuch Verlag, 2006. Was ist Yoga, wofür ist es gut und welche Grundregeln sollte man beachten? Für jede Übung (mit Fotos) ist angegeben, welche Körperteile und Organe besonders günstig beeinflusst werden. Auch mögliche Fehler werden beschrieben, so dass man eigentlich nichts falsch machen kann.

Idealerweise sollte man die Übungen unter Anleitung von geschultem Personal einstudieren, um Fehler und altersbedingte Überbeanspruchung von Anfang an ausschließen zu können. Viele Krankenkassen übernehmen den größten Teil der Kosten für den Besuch einer Rückenschule (RS) mit progressiver Muskelentspannung (PME). Hier lernen Sie rückengerechtes Bücken, Gehen, Heben, Liegen und Sitzen. Mit vielen einfachen Hilfsmitteln können Sie Ihren Alltag rückenfreundlicher gestalten und so auch Fehlhaltungen vermeiden, die früher oder später Beschwerden oder gar irreparable Schäden auslösen. Hätten Sie z.B. gewusst, das ein häufiges Beine übereinanderschlagen, die typisch grazile Sitzhaltung der Frau in der Öffentlichkeit, dazu führen kann, dass man dann als Mittsechziger mit hoher Wahrscheinlichkeit ein künstliches Hüftgelenk benötigt?

... mit Kuren
Viele Zeitgenossen in der Lebensmitte meinen, Kuren sei nur etwas für die Alten oder für chronisch Kranke. Welch ein verhängnisvoller Trugschluss! In jüngeren Jahren kann man oft noch heilen, im Alter hingegen oft nur noch die Schmerzen lindern. Trotz gesunder Lebensweise ist es ratsam, ab Anfang vierzig an Vorsorgekuren zu denken. Denn trotz Sport und Gymnastik verspannen sich die Muskeln bei den meisten Menschen, sodass etwa im Jahresabstand eine professionelle klassische Massage, am effektivsten an fünf aufeinanderfolgenden Tagen, angeraten scheint. Auch ein erfahrener Masseur kann sich nur Stück für Stück voranarbeiten, er weiß, wo am nächsten Tag angesetzt werden muss. Nach fünf Tagen ist es vollbracht, man fühlt sich wie runderneuert.

Regelmäßige Solebäder erhalten nicht nur die Schönheit, sondern sind ein wichtiges Vorbeuge- und Heilmittel. Das in der Oberhaut abgelagerte Salz bewirkt positive Veränderungen in den hiesigen Nervenenden, welche Entzündungen der Gelenke vorbeugt oder ihren Heilungsprozess fördert. Sole hilft bei Atemwegs- und Hautkrankheiten auf natürliche Art ohne Nebenwirkungen. In Deutschland existiert mittlerweile eine Vielzahl von Thermalbädern mit Sole, sodass hier auch mehrmalige Tagesbesuche einen positiven Effekt erzielen.

Von den hunderten Kurorten in Mitteleuropa gehören drei Bäder zur Königsklasse dazu: Teplitz in Böhmen (Teplice v Čechách), Bad Pistyan (Piešťany) in der Slowakei sowie Bük in Ungarn. Die Urquelle in Teplitz am Fuße des Erzgebirges wird auch in medizinischen Insiderkreisen als eine der weltweit wirkungsvollsten Wässerchen angesehen (www.lazneteplice.cz). Bad Pistyan im slowakischen Waagtal ist weltberühmt für den einzigartigen Schwefelschlamm aus den Flusssedimenten der Waag in Kombination mit Thermalwasser (www.badpiestany.com). Für beide Kurorte spricht, dass hier die Ölscheichs aus dem Nahen Osten einfliegen, für die Geld keine Rolle spielt und die sich auch jeden anderen Platz leisten könnten.

Bad Bük, ein Kurort ohne lange Tradition, versteckt sich bescheiden in der Ungarischen Tiefebene nahe der Grenze zu Österreich und Slowenien (www.bukfurdo.hu). Erst in den 1970er Jahren fand man auf der Suche nach Erdöl die wundersamen Thermalquellen, wohin auch Nordamerikaner anreisen: „Bei uns gibt es derartige Wässer nicht", meinte eine Kanadierin, die seit vielen Jahren auf Bük schwört.

Einzigartig ist auch das Preis-Leistungsverhältnis in allen drei Badeorten, welches Eurobesitzern mit kleinem Budget noch immer das Kuren in Mittelklassehotels ermöglicht.
Versenken Sie Ihr Geld nicht in ein schickes Auto, das Häuschen oder eine Eigentumswohnung. Gönnen Sie sich besser regelmäßig eine vorsorgende Kur! Das Geld in die eigene Gesundheit zu investieren, erscheint klug und weitsichtig, wenn man die beängstigende Entwicklung in eine Mehrklassenmedizin sowie den furchteinflößenden Pflegenotstand in Deutschland im Blick behält. Garantien für die Gesundheit kann auch durch Kuren niemand geben, allerdings steigen Ihre Chancen dafür deutlich.

Das Milliardengeschäft mit Medikamenten
Bislang galt Doping als eine Randerscheinung, auf den Profisport begrenzt. Mitunter finden auch Freizeitsportler bereits Gefallen daran. Der Trend wird aus den USA vorgezeichnet. Angeblich sind fast die Hälfte aller US-Studenten bei Klausuren und Examen mit ertüchtigenden Psychopharmaka vollgepumpt. „Unzählige Politiker, Filmstars, Wirtschaftslenker sind innen und außen längst keine

Natur-Produkte mehr" (Peter von Becker, Der Tagesspiegel, 10.05.07, S. 1).

Durchblutungsfördernde Pillen für Gehirn und Libido verkaufen sich weltweit am besten. Ein guter Arzt rät von einer Einnahme ab und klärt auf. Dr. Med. Ulrich Strunz gibt zu bedenken: „... ein durchblutungsförderndes Mittel ... bringt im Schnitt 5 Prozent mehr Sauerstoff ins Gehirn. ... die Sauerstoff-Mehrschritt-Therapie ... 25 Prozent. ... Wenn Sie laufen, ... pumpen Sie bis zu 100 Prozent Sauerstoff ins Gehirn" (forever young, Gräfe und Unzer, 5. Auflage 2004, S. 22-23). Ein guter Kardiologe verschreibt, nachdem alle anderen Ursachen für einen permanenten Bluthochdruck ausgeschlossen sind, keine Medikamente. Er gibt den guten Rat mit auf den Weg nach Hause, ab sofort regelmäßig Ausdauersport zu treiben. Und siehe da, nach einigen Monaten der Aktivität haben sich die Blutdruckwerte normal eingestellt. Ein guter Heilpraktiker oder Orthopäde befreit seinen Patienten zuerst vom Schmerz in den Kniegelenken und empfiehlt später Laufschuhe, weil sich der Knorpel mittels Diffusion oft kostenlos selbst repariert. Dieser Stoffwechselprozess wird erst bei aktiver Belastung, beispielsweise beim Joggen in Gang gesetzt. Um Fehlstellungen auszugleichen, wird der Orthopäde eventuell Kniebandagen und/oder Schuheinlagen während des Ausdauerlaufes empfehlen. Zum sportlichen Einstieg ist das sanfte Nordic Walking geeignet, bei dem die Teleskopstöcke helfen, die Gelenke nur moderat zu beanspruchen. Ein Orthopäde, der vor allem sein Konto im Blick behält, wählt die gängige Praxis: Am meisten Geld wird mit dem Spritzen verdient. Den Patienten wird eingeredet, dass sie sich auf Privatrechnung noch wirkungsvollere Substanzen verabreichen lassen können, welche den Knorpel aufbauen. Der Medikamentengläubige blecht und gerät in einen Teufelkreis der Abhängigkeit. Der Schmerz wird nun mittels Injektionen über Jahre nur betäubt, ohne je die Ursachen zu beheben. Im fortgeschrittenen Stadium muss dann oft ein künstliches Kniegelenk eingesetzt werden, woran wiederum verdient wird.

Das deutsche Gesundheitswesen ist, von wenigen Ausnahmen abgesehen, nicht auf langfristig kostensparende Vorsorge programmiert, sondern aufs Spritzen und Schnippeln sowie das Verabreichen von Arzneimitteln, welche die Patienten oft medikamentensüchtig werden lassen. „... 1,4 bis 1,9 Millionen Deutsche sind von Medikamenten abhängig, ... weitere 1,7 Millionen beurteilen Experten als mittel- bis hochgradig gefährdet" (Melanie Zerahn, Der Tagesspiegel, 30.10.07, S. 3). Der Biochemiker Patrick Diehl hat in den 1990er Jahren in der Pharmaforschung bei Schering gearbeitet. Er sagt: „Die chronisch Kranken sind die beste Einnahmequelle, die es gibt" (Der Tagesspiegel, 11.03.08, S. 22). Der ARD-Zweiteiler ›Contergan‹, dessen Ausstrahlung der Pharmariese Grünenthal monatelang verhinderte, zeichnet ein beängstigend realistisches Bild über das Profitstreben der Pillendreherkonzerne. „Ob ein Arzneimittel in einer wissenschaftlichen Studie gut abschneidet, hängt stark davon ab, wer die Untersuchung bezahlt" (wez, Der Tagesspiegel, 5.06.07, S. 29). So gibt es mehrere gängige Möglichkeiten zu manipulieren: Das Produkt eines Mitbewerbers kann in zu geringen Dosen eingesetzt werden, sodass es zwangsläufig nicht wirken kann. Oder Ergebnisse, die nicht ins Bild passen, werden in der Öffentlichkeit unterschlagen.

„Weiter zu fett und zu viel essen und sich zu wenig bewegen? Macht nix, wirft man halt jeden Tag eine Pille gegen die schlechten Cholesterinwerte ein. Schlecht drauf? Kein Problem, schluckt man halt jeden Tag eine Tablette gegen Depressionen. Aber fragen Sie bloß nicht nach Nebenwirkungen Ihren Arzt oder Apotheker. Denn die sind manipuliert oder geschmiert. ... Eine starke Pille verteilt ›Frontal 21‹ unter dem Titel ›Das Pharmakartell‹: Wie wir als Patienten betrogen werden" (focus.de, 10.12.08). John Virapen ist Ex-Geschäftsführer eines schwedischen Pharmariesen und spricht in ›Frontal 21‹ erstmals vor der Kamera: „Sie verkaufen Ihnen gefährliche Medikamente, um Geld zu machen. Falls sie denken, dass die Pharmaindustrie Medikamente auf den Markt bringt, um Ihnen zu helfen, vergessen Sie es".

Uwe Dolata ist Korruptionsexperte der Kriminalpolizei: „Sehr perfide" nennt er ihre Methoden. „Sie geht vor mit einem Netzwerk der Korruption, das sie über Deutschland ausgeworfen hat". Politik, Verwaltungen, niedergelassene Ärzte und Krankenkassen seien vom Einfluss der Pharmalobby durchdrungen. „Sie nimmt Einfluss direkt oder indirekt, sie begeht Sponsoring, sie füttert an." Auch Forschungsberichte und Universitäten würden beeinflusst. Für Dolata steht fest: „Die Pharmaindustrie kann in Deutschland eigentlich machen, was sie will." (Autoren: Christian Esser und Astrid Randerath in der ›Frontal 21-Dokumentaion‹, „Das Pharmakartell", 9.12.08).

Die Pharmariesen reiben sich die Hände, denn die mediale Panikmache vor gefährlichen Zeckenbissen zeigt Wirkung. Im Frühjahr zerren besorgte Mütter ihre Kinder in die Arztpraxen, um sie gegen die von den Holzböcken übertragene Frühsommer-Meningoenzephalitis (FSME) immunisieren zu lassen. Bei den Knirpsen ist das kompletter Blödsinn, wie Alexander S. Kekulé, Professor für Medizinische Mikrobiologie in Halle weiß: „Bei Kindern ist die FSME praktisch immer harmlos wie eine Erkältung, im allgemeinen wird die Infektion gar nicht bemerkt" (Der Tagesspiegel, 9.05.07, S.8). Wirksam, kostenlos und nebenwirkungsfrei ist die tägliche Körperbeschau nach dem Aufenthalt im Freien. Wenn Zecken innerhalb von acht Stunden nach dem Andocken entfernt werden, besteht mit hoher Sicherheit keine Infektionsgefahr.

... fragen Sie ihren Apotheker
Im Spätherbst und Winter klingeln die Apothekenkassen. Erkältungsmittel, Hustensäfte und Nasensprays bringen dann die Hauptumsätze. Doch gegen die meisten Erkältungskrankheiten gibt es keine effektiven Medikamente, keines der mit großem Werberummel angepriesenen Produkte ist sein Geld wert. Manche industrielle Mixtur entpuppt sich sogar als todbringendes Teufelszeug: Der Hustensaft Silomat, eines der am meisten verkauften Mittel, galt über 40 Jahren als absolut frei von Nebenwirkungen, der auch Schwangeren

empfohlen wurde. Im Sommer 2007 kam dann die Hiobsbotschaft, dass der enthaltene Wirkstoff Clobutinol lebensgefährliche Herzrhythmusstörungen auslösen kann und wohl viele Kranke daran gestorben sind. Zahlen gibt es nicht, weil der als sicher geglaubte Hustensaft über jeglichen Zweifel erhaben war. Nach 125 Todesfällen kam im Jahre 2000 auch das zuvor Furore machende Magenmittel Cisaprid (Propulsin) auf die Tabuliste.

Deshalb besser vorbeugen, damit Sie möglichst keine Medikamente brauchen: Regelmäßiges Saunabaden, genügend Schlaf, Sport und Spaziergänge an frischer Luft, gesunde Ernährung, ein Luftbefeuchter gegen trockene Heizungsluft, Stress vermeiden und das Abstandhalten von Rotznasen. Wenn es einen dann doch (leicht) erwischt, sind Heilkräuter die erste Wahl. Eine Tasse Huflattichtee oder Spitzwegerich befreit zeitweilig vom Kratzen im Hals. Pfefferminzöl auf Brust und unter die Nasenlöcher verrieben, nimmt den Hustenreiz, auf der Stirn vertreibt es den Kopfschmerz. Gesichtsdampfbäder mit heißem Wasser und einigen Tropfen Chinaöl sowie Salzwasserspülungen in der Nase helfen wirkungsvoll bei Husten und Schnupfen. Auch Imkerhonig ist ein vorzüglicher, harmloser und kostengünstiger Hustenlöser, der synthetischen Arzneimitteln weit überlegen ist. Nur Kleinkinder unter einem Jahr sollten nicht mit Honig behandelt werden. Weil das Immunsystem noch nicht perfekt arbeitet, könnten sich die Babys mit den Botulismusbakterien anstecken. „Nimm Krügerol zur rechten Zeit bei Husten und bei Heiserkeit. Nicht nur in der Wirkung groß, auch der Geschmack ist echt famos": Die Krügerol Halsbonbons aus Leipzig halten, was die Werbung verspricht, denn hier steckt viel Natur drin. So Menthol, Anis-, Kampfer-, Latschenkiefern-, Minz-, Salbei- und Thymianöl sowie natürliches Birnenaroma.

Rund zehn Prozent aller deutschen Arbeitnehmer verdienen ihre Brötchen im lukrativen Gesundheitssektor. Anschaffungen in teure Apparatemedizin müssen sich ebenso rechnen wie in neue Arzneimittel. „Oh, diese verfluchte Pharmaindustrie, z.B. in den USA. Die gibt fast doppelt so viel für Werbung aus wie für Forschung. 2004 waren es, einer Studie zufolge, 57,5 Milliarden Dollar gegenüber 31,5 Milliarden für die Forschung. ... Womit klar sein dürfte, dass es der Pharmaindustrie in keinster Weise um unsere Gesundheit geht, sondern nur um unser Geld." (uem, Der Tagesspiegel, 3.1.08, S. 1). Die Gier der Pharmakonzerne, denen die Aktionäre mit hohen Renditeerwartungen im Rücken sitzen, kennt keine Grenzen. Selbst Ex-Bundesgesundheitsministerin Ulla Schmidt klagte über viele neu auf den Markt kommende Medikamente: „Es geht nicht länger, dass fünf Prozent mehr Wirkung mit 300 Prozent Preissteigerung verbunden sind!" (Märkischer Bote, 1.03.08, S. 18).

Künstliche Arzneimittel frei von Nebenwirkungen wären zwar wünschenswert, Garantien kann aber selbst bei bislang als harmlos betrachten Erkältungsmitteln niemand geben. Ein neues Problem der Globalisierung sind verunreinigte Arzneimittel. Etwa 80% der in Deutschland verwendeten Wirkstoffe kommen aus Nicht-EU-Ländern, der Großteil aus China und Indien. Dort sind alle Qualitäten zu haben, verunreinigte und gestreckte Substanzen sind für die Einkäufer billiger. Moderne Arzneimittel sind heute so komplex, dass ihre Zusammensetzung nicht mehr hundertprozentig überprüfbar ist, ein Restrisiko besteht immer. Prof. Schubert-Zsilavecz sagt: „Wir sind nicht mehr Herr im eigenen Haus" (ZDF, Frontal 21, 15.04.08). So kam es auch in deutschen Krankenhäusern nach dem Verabreichen des Blutverdünners Heparin zu allergischen Schocks mit lebensbedrohlichen Folgen. Und wer heute noch meint, in deutschen Krankenhäusern geht alles mit rechten Dingen zu, der irrt. Nicht nur Todkranke sterben, auch alle anderen Patienten müssen befürchten, wegen falschen Einsatzes von Arzneimitteln oder an Hygienemängeln dahinzuscheiden. „Schon jetzt belasten Klinikinfektionen jährlich in Deutschland bis zu eine Million Menschen ... wie viele ... daran sterben, kann die Deutsche Gesellschaft für Krankenhaushygiene (DGKH) nur schätzen: 700 bis 1500. Auf Totenscheinen wird der Keim nicht vermerkt" (Rieke

Beckwermert, Der Tagesspiegel, 15.01.08, S. 3). Und als ob das noch nicht genug wäre: „Nach einer Schätzung des Aktionsbündnis Patientensicherheit ... sollen in Deutschland jedes Jahr 17 000 Patienten wegen vermeidbarer Behandlungsfehler ums Leben kommen" (Bas Kast / Hartmut Wewetzer, Der Tagesspiegel, 29.02.08, S. 2). Die potentielle Gefahr im Krankenhaus tödlich zu verunglücken, wäre damit mehr als dreimal so hoch wie im Straßenverkehr.

Der Arzt des Vertrauens
Krankheiten vermeiden ist in Wahrheit nicht erwünscht, weil nur Kranke das aufgeblähte deutsche Gesundheitswesen am Laufen halten. Falls Pharmazeutika nur zum Einsatz kämen, wenn Naturheilmittel keine Wirkung zeigen, Operationen nur vorgenommen würden, wenn alle anderen Behandlungsmethoden keine Heilungschancen versprechen, würde das Gesundheitswesen in seinem heutigen Erscheinungsbild als Krankenindustrie kollabieren.

Machen Sie sich die Mühe und nehmen Sie sich Zeit, einen Hausarzt zu finden, der sich seinem Eid verpflichtet fühlt und nicht nur das eigene Portemonnaie im Blick hat. Suchen Sie nach einem vertrauenswürdigen Allgemeinarzt, der als ein Lotse im Medizindschungel tätig wird. Idealerweise sollte der Medikus die Schulmedizin mit Kenntnissen der Naturheilkunde verbinden und auch anderen Heilverfahren wie Akupunktur und ganzheitlicher Zahnheilkunde aufgeschlossen gegenüber stehen. Immer wenn Ihr Hausarzt an seine Behandlungsgrenzen stößt, kann er zumindest erfolgversprechende Auswege aufzeichen.

„Alle Krankheiten, die nicht durch eine mechanische Schädigung (Verletzung) des Organismus, durch eine äußere gewaltsame Einwirkung (Unfall) verursacht worden sind, sondern als Regungen oder Reaktionen des Immunsystems zu betrachten sind, können homöopathisch erfolgreich behandelt und geheilt werden" (Norbert Knoblauch, Homöopathie – die Heilmethode der Wahl, mmnews, 19.11.11).

Am Beispiel eines Bandscheibenvorfalls soll dieser (unübliche) Gesundungsweg kurz skizziert werden: Nach der akuten Schmerzphase, die auch mit homöopathischen Mitteln therapiert werden kann, landen die meisten Fälle in der Physiotherapie, wo die Patienten unter anderem Übungen zur Stärkung der Rückenmuskulatur erlernen, die später die Bandscheiben entlasten sollen. Was aber, wenn es bereits zu einer permanenten Fehlstellung der Wirbelsäule gekommen ist und sich die Schmerzen als dauerhaft erweisen? Auch ein guter Hausarzt kann Sie davon vielleicht nicht befreien, aber er kann Sie in unserem Beispiel an einen fachkundigen Naturheilpraktiker verweisen. Ihr Hausarzt weiß durch andere Krankengeschichten und Kollegengespräche, welcher unter den vielen sein Geld wert ist. Beim Heilpraktiker müssen Sie zwar privat zahlen. Sind Sie aber beim „richtigen" gelandet, wird er beispielsweise eine Wirbelsäulenfehlstellung als Schmerzursache lokalisieren und genau hier ansetzen. Mit einigen Spezialmassagen und dem Einsatz von Akupunkturnadeln können die Leiden vielfach behoben werden, in vielen Fällen wird dann auf eine Bandscheibenoperation verzichtet. Paul Unschuld, Sinologe und Medizinhistoriker an der Berliner Charité, sagt: „Es gibt in China einen riesigen Pool an zweitausendjähriger Erfahrung, zusammengetragen von höchst intelligenten und aufmerksamen Beobachtern der Natur und des Menschen" (Der Tagesspiegel, 4.04.07, S. 28). Heilpraktiker schätzen, dass etwa drei Viertel sämtlicher Operationen in Deutschland vermeidbar wären! Ein gewaltiges Sparpotential, das aber nicht gehoben wird, weil nicht sein kann, was nicht sein darf.

Auch mit kleinem Konto und gesunder Lebensweise lassen sich viele bedrohliche Zivilisationskrankheiten vermeiden oder ins hohe Alter hinauszögern. Allein auf eine optimale Versorgung und Therapie im Krankheitsfall sollte man sich nicht mehr verlassen. Niemand weiß, was die Zukunft bringt. In der Tendenz des Heute ist aber zu vermuten, dass es für Arme eher noch schlechter kommt. Keiner weiß, ob er im Alter selbst zum Pflegefall wird – auch eine noch so gesunde Lebensweise bietet keine Garantie für ein selbstbestimmtes Dasein bis zum Schluss. Wer hat keine Angst, an Demenz zu erkranken? So ist es längst wissenschaftlich belegt, dass lebenslange geistige, soziale und körperliche Fitness ein geringeres Demenzrisiko bedeuten. Für das persönliche Gesundheitsguthabenkonto zählt alles: Täglich Lesen, Gedichte oder eine neue Fremdsprache erlernen, öfters eine Ausstellung besuchen, ausreichend schlafen, weil sich das Gehirn besonders im Tiefschlaf regeneriert, sowie täglich mindestens 3000 Schritte zu Fuß zurückzulegen, um die Gehirndurchblutung zu aktivieren. Das Gehirn kann sich bis zum Lebensende neue gesunde Zellen basteln, aber nur wenn es gefordert wird. „Das Gehirn schafft etwas, wozu nur das Gehirn in der Lage ist, etwas, was die Haut nicht kann, weil sie runzelt, oder die Knochen nicht, weil sie porös werden. Das Gehirn kann das Altern aufhalten" (Barbara Hardinghaus, Der Spiegel, 51/2007, S. 78). Und wenn das eigene Tun zumindest eine erhöhte Chance lässt, der deutschen Pflegemisere im Alter zu entkommen, sollte man bereits in jungen Jahren alles daran setzen! „Pflege ist ein Milliardengeschäft: Heime, Krankenhäuser, Ärzte, Rettungs- und Pflegedienste, Pharmaindustrie und Sanitärartikelfabrikanten – sie alle verdienen daran. Und wenn etwas schief geht, dann decken sie sich gegenseitig" (Wolfgang Prosinger, Der Tagespiegel, 10.03.08, S. 23). In ihrem Buch ›Im Netz der Pflegemafia‹ beschreiben die Autoren Claus Fussek und Gottlob Schober, welche menschenunwürdigen Zustände hierzulande vielerorts herrschen. Tiere im Zoo haben es oft besser: Bei ihnen wird weder am Essen noch an Zuwendung gespart, sie werden auch nicht mit Psychopharmaka vollgepumpt.

Das Geschäft mit dem Tod
Hier geht es nicht um den verantwortungsvollen Arzt, der all sein Können darauf verwendet, Leben zu retten! Doch am Ende der Lebensreise läuft die konventionelle Gesundheitsmaschinerie für viele Sterbende oft in eine andere Richtung. In den Krankenhäusern werden todgeweihte Kassenpatienten mitunter solange gequält, wie die Krankenkassen sogenannte Fallpauschalen bezahlen. Einem Hausarzt kommt hierbei eine große Verantwortung zu. Ein

Familienangehöriger war unheilbar an Bauchspeicheldrüsen- und Darmkrebs erkrankt. Eine das Immunsystem stärkende Mistelbehandlung wurde vom Arzt als zu teuer und ohne Nutzen abgelehnt. Stattdessen überwies man den Patienten drei Wochen vor seinem Tod ins Krankenhaus, obwohl der Hausarzt informiert war, dass der Patient seine letzten Tage im Hospiz verbringen wollte. Der Allgemeinmediziner wusste auch, dass man seinem Patienten im Krankenhaus nicht helfen konnte, aber es sollten hier wohl noch einige bei den Kassen abrechnungsfähige Untersuchungen durchgeführt werden. So war der Apparat für die Computertomographie dieser Tage nicht ausgelastet. Als nächstes musste sich der Leidende einer belastenden Bauchspiegelung unterziehen, wobei einen Tag zuvor nichts getrunken werden darf. Dass beide Befunde seit der Bauchoperation ein halbes Jahr zuvor bereits feststanden, spielte keine Rolle. Nach einer Woche wurde der Leidende dann über 40 Kilometer in ein zweites Krankenhaus verlegt. Hier musste sich der Todkranke gleich der nächsten Spiegelung unterziehen, er litt am Durst, wir aber durften seine Lippen nur mit einem feuchten Waschlappen benetzen. Nach dieser Tortur wurde dem Patienten eingeredet, dass ein Stent sein Leben verlängern kann, wofür nochmals eine OP nötig war. Kurze Zeit nach dem Eingriff erhielten wir einen Anruf aus der Krankenstation: „Herr ... ist jetzt austherapiert, er wird morgen entlassen!". Das heißt auf deutsch. Hier im Krankenhaus sind am Patienten keine Kassengelder mehr zu verdienen, der Mensch muss weg! Erst im Hospiz fand er die Ruhe, von uns Abschied zu nehmen. Seine Kraft war zu diesem Zeitpunkt aber schon aufgebraucht. Viele Qualen der vorangegangenen Wochen wären ihm erspart geblieben, hätte sein Hausarzt des Vertrauens eine andere Entscheidung getroffen.

Tipps zum Weiterlesen: Bücher aus dem Kopp Verlag, Medizin & Gesundheit, ›Was Ärzte Ihnen nicht erzählen‹ (www.kopp-verlag.de).

Ein glückliches Gefühl: Gesunde Körperpflege mit wenig Geld

„… das Gesicht ist die höchste Zierde des Leibes und wird durch Pflege, falls sie dem Wegweiser der Natur folgt, nur schöner" (Tibor Déry, ungarischer Philosoph)

Mit den Jahren verliert die Haut an Elastizität, es graben sich Fältchen hinein. Verhindern kann man diesen Prozess nicht, ihn aber aufhalten. Regelmäßige Bewegung an frischer Luft und ein erholsamer Schlaf kosten nichts. Wer sich gesund ernährt, dazu nicht raucht, Stress und übermäßige UV-Strahlung meidet, lebt gesund. Es ist die „Kosmetik von innen", die unser Aussehen strahlen lässt. Sie bringt die meisten Pluspunkte in jedem Alter.

Die Psychotherapeutin Susie Orbach meint: „In den vergangenen Jahrzehnten sind sehr profitable und einflussreiche Industrien entstanden, die von der Behauptung leben, mit unseren Körpern sei etwas grundsätzlich nicht in Ordnung: die Kosmetikindustrie, die Diätindustrie, die Modeindustrie, ... die kosmetische Chirurgie ... Sie sorgen dafür, unbewusst oder mit Absicht, dass sich die meisten Leute furchtbar fühlen" (Der Tagesspiegel, 28.02.10, S. S3).

Kostenaufwändige Kosmetik von außen beruhigt das schlechte Gewissen, weil man meint, Cremes für viele Euros müssen einfach wirken. Die sind aber letztlich nur Fassadengestaltung. Mit Werbekampagnen, in denen oft gut aussehende Prominente auftreten, werden nur Träume teuer verkauft. Anita Roddick, die ehemalige Chefin der größten englischen Kosmetikkette mit 2085 Filialen in 54 Ländern verrät im Interview: „Anti-Falten-Cremes sind nichts als Brei. Man kann Falten abdecken, man kann sie zukleistern, aber verschwinden werden sie nicht. Anti-Falten-Cremes sind Lügen" (Der Tagesspiegel, 15.04.07, S. S1). Teure Anti-Aging-Creme ist dennoch der Hit: „Sie macht heute nach Angaben des Kosmetikverbandes VKE rund 40 Prozent des Pflegemarktes aus" (FAS, 13.01.08, S. 37).

Der kosmetische Effekt von Feuchtigkeitscremes ist nur von kurzer Dauer: Die Oberhaut quillt auf und wirkt dadurch optisch etwas praller. Viele industrielle Kosmetikprodukte sind nicht nur teuer und wirkungslos, einige auch gefährlich. So Lippenstifte und Nagellacke, welche den Weichmacher Butylbenzylphthalat (BBP) enthalten, der den gewissen Schimmer bewirkt. US-Wissenschaftler aus Philadelphia haben jetzt in einer Studie herausgefunden, dass BBP gesundes Gewebe zerstört und Brustkrebstumore begünstigen kann. „BBP gehört zur Gruppe der Phtalate, die das weibliche Hormon Östrogen imitieren und nachweislich auch Nierenerkrankungen, Unfruchtbarkeit und Geburtsschäden hervorrufen können" (T-Online, 11.12.07). Die Weichmacher aus vielen duftenden Pflegeprodukten wie Cremes und Seife durchdringen die Kinderhaut. Bei Babys sollten Puder oder chemische Seifen besser weglassen werden, sie „...beeinträchtigen bei Jungen die Entwicklung der Hoden" (Focus /2008, S. 80). Die Zeitschrift ›Ökotest‹ untersucht seit zwei Jahrzehnten chemische Haartönungen und -farben. Keine ist bislang empfehlenswert, da sie allesamt Allergien hervorrufen können, unter denen die Betroffenen lebenslang leiden. Daneben fanden die Tester auch krebsverdächtige Stoffe (ARD, ›Plusminus‹, 23.10.07). Einzige Alternative ist das natürliche Färben mit Henna. Es umhüllt das Haar, schützt es vor Wetter- und Umwelteinflüssen, verleiht Glanz, Geschmeidigkeit und Volumen. Außerdem ergibt die Kombination aus eigener individueller Haarfarbe und Henna ein lebendig natürliches Farbresultat ohne künstlich zu wirken.

Kosmetik aus der Natur
Wer sich für Kräuter- und Naturkosmetik interessiert, findet viele Sachbücher mit Rezepten zum Selbermachen. Viel früheres Allgemeinwissen um die Bedeutung der pflanzlichen Heil- und Verschönerungskräfte ist im Zeitalter weltumspannend tätiger Kosmetikkonzerne verlorengegangen. Wissenschaftler sind immer wieder verblüfft, wenn sie feststellen, welche Kraftpakete in manchen Natursubstanzen schlummern, die unsere Vorfahren traditionell verwendeten.

Nachfolgend einige wenige Anregungen zur Hausproduktion: Als Grundstoffe für entspannende und pflegende Gesichtsmasken stehen unter anderem Ei (Dotter und Eiweiß), Hefe, Kräuter, geschroteter Leinsamen, Heilerde, Honig, Quark und Sahne zur Verfügung. Angerührt wird jeweils mit Milch oder Wasser, Frucht- oder Gemüsesaft, Kräuteraufgüssen oder Pflanzenöl. Johannisöl ist eine sanfte und universelle Pflege für Gesicht und Körper. Es schützt vor Austrocknung und schädlichen Umwelteinflüssen und fördert die Stabilisierung von Nerven, Muskeln und Gelenken. Johannisöl riecht angenehm und zieht beim Verreiben gut ein. Trockene Haut fühlt sich danach sofort weich und geschmeidig an. Johannisöl wird in Bio- und Naturwarenläden sowie Kräuterapotheken angeboten. Aber auch als Laie kann man es leicht und kostengünstig selbst kreieren. Das stängelige Johanniskraut wächst auf trockenen und sonnigen Standorten, unbewirtschafteten Wiesen, an Wegrändern und auf Waldlichtungen. Die goldgelben Trugdolden blühen von Juli bis September. Um das „echte" Johanniskraut nicht mit verwandten Arten zu verwechseln, zerreibt man probeweise einige Blüten mit den Fingern, wobei sich dunkelroter Saft bildet. In der Sonne gesammelte Doldenblüten werden in eine Flasche gegeben und mit kaltgepresstem Olivenöl übergossen, bis alle Blüten bedeckt sind. Die Flasche wird verschlossen und kommt jetzt für etwa sechs Wochen auf ein sonniges Fensterbrett. Das Öl nimmt mit der Zeit eine rötliche Färbung an. Es wird durch ein Sieb oder Tuch filtriert und in einer dunklen Flasche lichtgeschützt aufbewahrt.

Haare glänzen, wenn man sie mit einer Bier-Eigelb-Mischung behandelt. Das Ganze etwa zehn Minuten einwirken lassen und dann auswaschen. Ein wunderbares Haarpflegemittel ist Kokosöl (siehe Kapitel Glückvorsorge: Gesundes Essen, Noch mehr Gesundheit auf den Tisch, eine kleine Auswahl). Es schenkt dem Haar Glanz und wirkt als natürlicher Haarconditioner.

Viele parfümierte Seifen, Duschgels und Badezusätze können bei hautempfindlichen Menschen Allergien auslösen, ein sparsamer Umgang ist angeraten. „Bei 97 Prozent der

Chemikalien auf dem Markt ist nicht bekannt, welche Gefahren von ihnen für Mensch und Umwelt ausgehen" (Linda Tidwell, t-online.de, 10.10.11).

Moderne Körperpflege soll peinliche Körpergerüche blockieren. „ ...egal um welches gesundheitliche Risiko. ... Moderne Deo-Sprays gegen Achselnässe sind ein Bombenerfolg. ... aber keine harmlosen Duftkompositionen, denn sie enthalten Aluminiumsalze. ... Das Metall ist ein wahrer Phosphaträuber und führt zur Knochenerweichung. Die Knochen deformieren sich, sie sind nicht mehr belastungsfähig. Die einmal aufgebrachten Deos ... verschwinden nicht spurlos. Der Körper lagert sie in den Lymphknoten der Achseln ein, er kann sie nicht mehr ausschwitzen. ... viele Krebstumore bilden sich im Bereich der Lymphknoten" (Hans Jörg Müllenmeister, goldseitenblog.de, 29.07.11).

Tipp zum Weiterlesen: ›Die Bombe unter der Achselhöhle‹, von Dr. med. Walter Mauch, bettendorf in der F.A. Herbig Verlagsbuchhandlung GmbH München).

Zuhause hilft regelmäßiges Waschen unter den Achselhöhlen mit Olivenseife, lästige Körpergerüche zu vermeiden. Für auswärts und unterwegs ist natürliches Kokosöl ein idealer Deodorantersatz. Die im Öl enthaltenen Säuren töten Bakterien ab. Mit ätherischen Ölen gemischt, z.B. Rosmarin oder Thymian, verstärkt sich dieser Effekt weiter.

Im Mittelmeerraum wird die empfindliche Babyhaut traditionell mit Olivenseife gepflegt. Was für die Kleinen gut ist, kann den Großen nicht schaden. Olivenseife besteht nur aus Quellwasser, Oliven- und Lorbeeröl, ansonsten sind keinerlei zusätzliche Aromastoffe oder Parfüm enthalten. Nach dem Einseifen und kurzzeitigen Einwirken lassen bildet sich auf der Haut ein fühlbarer gut riechender Schutzfilm. Der positive Einfluss auf die Hautstruktur ist wissenschaftlich belegt.

Ein höchst wirksames Peeling lässt sich aus zwei Esslöffel Totes-Meer-Salz und einem Esslöffel Olivenöl mischen. Unter der Dusche wird die Haut erst angefeuchtet, dann die Salz-Öl-

Mischung mit kreisenden Bewegungen einmassiert und mit lauwarmen Wasser abgespült. Die empfindsame Haut wird zum Schluss nicht mit dem Handtuch trocken gerubbelt sondern nur sanft abgetupft.

In der Badewanne sorgt Totes-Meer-Badesalz für Wohlbefinden. Man bekommt es als fein- bis mittelkörniges Granulat, parfümfrei und ohne künstliche Zusätze in vielen Drogerien, zu Sonderaktionen im Dreierpack zu je 500 Gramm auch günstig beim Discounter. Schon seit dem Schönheitskult um die ägyptische Königin Cleopatra werden die Mineralsalze aus dem Toten Meer, reich an Magnesium, Kalium, Kalzium und Brom, für ihre wohltuende und pflegende Wirkung gepriesen. Regelmäßige Bäder reinigen porentief, beugen damit störenden Hautunreinheiten vor und sorgen zumindest einen Tag lang für eine straffe und samtweiche schöne Haut, die sich wie im Jugendalter anfühlt. Die entspannende Wirkung lässt sich erhöhen, wenn der Körper nach dem Bad warm eingewickelt etwa eine Stunde nachruht.

Mit einer Portion Selbstbewusstsein, Ausstrahlung und Lebensfreude, die manchen Makel blass aussehen lässt, kann man viel Geld sparen. Wahre Schönheit erwächst aus der Ausdruckskraft eines Menschen. Ob jemand alt erscheint, bestimmt nicht nur die glatte Haut. Schon Jugendliche schleichen mitunter wie Greise durch die Gegend, ihre Augen sind stumpf und das Mienenspiel trostlos. Achten Sie in Dokumentarfilmen, beispielsweise über Afrika, einmal genau auf die oft arme Dorfbevölkerung: Die Augen strahlen auch bei den Alten eine ungebändigte Lebensfreude aus, lassen die Jahre vergessen, auch wenn sich ins Antlitz tiefe Falten eingegraben haben.

Allerdings baggert sich keiner intensiver in unsere Haut als die Sonne. Und die Haut hat ein gutes Gedächtnis, sie merkt sich alle Sünden! Sonnenschutzcreme, ein gut beschirmtes Hütchen oder Kopftuch und vor allem ein maßvoller Sonnengenuss vermeiden eine strahlungsbedingte vorzeitige Hautalterung. Gisela Albrecht, Hautärztin am Klinikum Berlin-Spandau sagt: „Vergleichen Sie die Haut von Gesicht und Gesäß, dann sehen Sie den Unterschied, den die Jahre an der Sonne machen" (Der Tagesspiegel, 4.03.07, S S8).

Der schöne Schein
„Schätzungsweise eine Million Deutsche hat vor, sich demnächst einem ästhetischen Eingriff zu unterziehen ... schon jetzt werden 10 Prozent aller ästhetisch-plastischen Operationen an unter 20jährigen vorgenommen" (Patricia Wolf, Der Tagesspiegel, 15.09.07, S. 27). Heute ist eine perfekte Nase für 5000 Euro zu haben. Doch gehört diese oder die etwas abstehende Ohren, eine etwas kleinere Brust oder ein paar Falten nicht zum individuellen Unterscheidungsmerkmal? „... die Ödigkeit vollkommener Schönheit, bei der es nichts zu verzeihen gibt. Wirklich will das Gefühl etwas zu verzeihen haben, sonst wendet sich´s gähnend ab", gibt der Schriftsteller Thomas Mann zu bedenken. Die dauerpräsenten Medien haben weltweit einen unheilvollen Schönheitswahn in Gang gesetzt: Gesichter und Körper, die den Idealen nicht entsprechen, sind in dieser Lesart abartig und müssen korrigiert werden. In Frauen-, Männer- und Lifestylemagazinen wird wie auf einem Jahrmarkt der Eitelkeiten nicht mehr über die gesundheitlichen Gefahren und langzeitlichen Nebenwirkungen diskutiert, sondern es geht allein um was?, wie? und wo? Statt ihre Leser zu mehr Bewegung und gesunder Ernährung zu animieren, wecken die Blattmacher trügerische Hoffnungen mit der Fettabsaugung, um Bierbäuchen und Rettungsringen bequem und dauerhaft den Garaus zu machen. „Es scheint, als ließe der Verlust von Bindungen und Gewissheiten im Leben uns danach streben, unser Seelenheil im kühlen Schein der Oberfläche zu suchen" (Patricia Wolf, Der Tagesspiegel, 15.09.07, S. 27). 2007 wurde nachgerechnet, wie viel Geld im sportlich-straffen Körper von Hollywood-Star Demi Moore (damals 44 Jahre) stecken: Unter anderem für „Fettabsaugung an Hüften, Schenkel und Bauch (23 400 Euro), Brustimplantate für den Film ›Striptease‹ (16 000 Euro), anschließende Operation zur Entfernung der Implantate und ein Brustlifting (13 900 Euro),

Gesichtspeeling (14 600 Euro) ... Insgesamt 329 800 Euro" (mac, Tageszeitung ›20 Cent‹, 16.03.07, S. 31). Eine fatale Entwicklung, die eine Kettenreaktion provozieren kann. Ist die Brust vergrößert und überschüssiges Fett abgesaugt, wünscht sich Frau nach einem Blick in den Spiegel noch hübsche asiatische Mandelaugen. Plötzlich kommt einem der komplette Körper als Fehlkonstruktion vor. Selbst vor einer Neumodellierung der Geschlechtsorgane wird nicht mehr zurückgeschreckt, seit in Modezeitschriften eine abgeflachte Vulva der oft blutjungen Models als das Maß aller Dinge dargestellt wird. Bei einer ›Designer-Vagina‹ „... werden die äußeren Schamlippen verkleinert, aber auch Haut oberhalb der Klitoris entfernt oder die gesamte Vagina verkürzt" (AFP, Der Tagesspiegel, 26.05.07, S. 32). Auch Transplantation von Schamhaaren oder die Penisverlängerung stehen auf der Angebotsliste für einen Trendkörper. Wohin das alles mit genügend Geld in der Tasche führen kann, hat der inzwischen von seinem Hausarzt ins Grab beförderte Popstar Michael Jackson mit wiederholtem Facelifting eindrucksvoll vorgeführt.

Glücklich befreit: Eigene Rituale pflegen

„Willst Du was gelten, mach dich selten" (Volksweisheit)

Weihnachten, das ist heute oft die vom Kalender verordnete Friede-Freude-gute-Laune-Feier. Weihnachten, das klingt schon ab Anfang November wochenlang nicht nur nach „Oh Tannenbaum" und „Morgen Kinder wird's was geben", sondern auch nach langer Geschenkliste und Konsumwahn. Da wünscht sich nicht nur mancher Norddeutsche: „Buttje, Buttje, Timpete, mach, dass es einen großen Knall gibt und Weihnachten vorbei ist ... Hinter den Fenstern funkeln schon die Weihnachtskerzen, die Leute können es nicht erwarten, seit November erhellen sie ihre Wohnungen mit dem Glitzerlicht. Schokoladenweihnachtsmänner gibt es seit Oktober. Die übriggebliebenen werden ab Januar zu Osterhasen umgeschmolzen. Alles Routine, die Marktwirtschaft nimmt den Festlichkeiten ihren Charme" (Gisela Karau, ›Go West; Go Ost‹, edition reiher, Dietz Verlag Berlin, S. 119/127).

Man kann sich dem geschickt entziehen, außerdem die angekündigten Verwandtenbesuche abwimmeln, die verstopfte City meiden und den gepanschten Glühwein auf dem Weihnachtsmarkt sowieso. Anstatt sich von der Massenhysterie „perfektes Fest" anstecken zu lassen, wäre es vielleicht gescheiter, die Rollos herunterzulassen oder die Gardinen zuzuziehen und eigene Rituale zu pflegen. Wie wäre es, vom 1.-24. Dezember anstatt das Türchen des Adventskalenders zu öffnen, gegenseitig abends eine halbe Stunde Zeit zu schenken? Kuscheln Sie sich mit ihren(m) Kind(ern) und/oder ihrem Partner unter eine Decke, zünden Sie viele Kerzen an und lesen Sie sich Weihnachts-, Winter- oder andere schöne Geschichten vor. Es ist nicht das Geld, das Weihnachtsfreude ausmacht. Es ist die Aufmerksamkeit, Liebe und Sympathie, die man sich vor allem in dieser besonderen Zeit für andere nimmt, ein weitaus größeres Geschenk.

Harakiri und Matsch zum Fest
Beim „Fest der Liebe" sitzt oft die ganze Familie samt Großeltern beisammen. Wird die erwartungsvolle Grundstimmung mit nur einem falschen Wort getrübt, türmt sich oft eine Welle wahrer Gefühle auf. Alle ziehen eine Fresse. Das kann zu langanhaltender Funkstille zwischen Alt und Jung führen. Oder wenn jemand am Essen herummäkelt, zündet selbst ein sorgsam zusammengestelltes Festmahl in Familie das Dynamit. An Weihnachten kommen oft Wahrheiten ans Licht, die nicht selten ein Desaster auslösen. „Wussten Sie, dass die Selbstmordrate in den Festtagen um 40 Prozent steigt?" (Konstantin Richter, Der Tagesspiegel, 16.12.07, S. 13).

Kleine Geschenke können das Herz erfreuen, aber es ist schwierig geworden, für jeden das Richtige zu finden. Weil alle oft schon alles haben. Deshalb ist ein persönliches Wunschzettelchen immer eine gute Idee. Das erspart Enttäuschungen. Mit gut gemeinten Überraschungen riskieren Sie im besten Falle unausgesprochene Kritik, aber die Mimik des Beschenkten sagt: „Deine Präsente waren mal wieder Scheiße". Und das, obwohl Sie sich dafür die Hacken abgewetzt haben. Das falsche Geschenk für die Ehefrau lässt Bände sprechen: Meine Gatte liebt mich nicht mehr! Am Heiligen Abend liegen heute nicht nur Gutscheine für einen Thermenbesuch oder die Edelboutique unterm geschmückten Tannenbaum. Der Herrgott darf staunen: Auf den Wunschzetteln stehen neben Computer, Handy & Co jetzt auch Blankoschecks für Schönheitsoperationen. Da will sich die 14jährige Tochter die Nase verkürzen, Mama die Falten glätten und Opa das Fett absaugen lassen. Gott vermag es mit seiner einmal in Gang gesetzten Schöpfung immer weniger, den gehobenen Ansprüchen des modernen Designer-Menschen zu entsprechen. Derartige Wünsche, am Heiligen Abend geäußert, sind Gotteslästerung und einer der Gründe, weshalb es an der Zeit wäre, Weihnachten als ein Auslaufmodell zu betrachten. Schon jetzt haben die Konsumtempel für die geschätzte Kundschaft länger geöffnet, als die meisten Gotteshäuser.

Zu allem Unglück rauben milde Winter den Flachlanddeutschen auch noch den Schnee. Und wenn es wider Erwarten doch mal über die Feiertage schneit, dann überzieht die Pracht bald eine schmutziggraue Feinstaubschicht. Die Stadtreinigung kippt gleich nach dem ersten Flockenwirbel Salz auf Straßen und Gehwegen ab, was einen ekligen Matsch hinterlässt.

Die Fliege machen
Wohl dem, der sich über die Weihnachtsfeiertage in eine einsame Berghütte zurückziehen kann, um hier dem kollektiven Ausnahmezustand zu entkommen. Vielleicht hat es geschneit, alle Fichten und Kiefern sind dann als Weihnachtsbäume angeputzt. Im abendlichen Schein der Kerzen steht einer besinnlichen Atmosphäre nichts im Wege. Die Geschenke- und Fleischberge einer hemmungslos-unglücklichen Konsumgesellschaft bleiben im Tal zurück. In der Stille und Abgeschiedenheit konzentriert man sich eher auf das Wesentliche und die spartanische Lebensweise für einige Tage lässt den christlichen Grundgedanken der Weihnachtspause fühlbar werden.

Auf gegenseitige Weihnachtsgeschenke kann man ganz gut verzichten. „Jedes Jahr zur Adventszeit, wenn Weihnachtsstimmung aufkommt und alle Deutschen über den Konsum und Geschenkestress klagen und sich wunschen, dass das Fest der Liebe endlich vorbei wäre, fällt dem Deutschen auf, dass der Türke keinen Beitrag zu diesem Thema leistet" (›Der Türke: das Original‹, Ihsan Acar, S. 78, dtv 2007). Gönnen Sie sich mit Ihrem(n) Liebsten also über die Feiertage eine gemeinsame Fluchtreise. Schon nach knapp drei Flugstunden ist die weihnachtsfreie Hemisphäre der Moslems erreicht. Außer der Herkunft des Nikolaus aus der Türkei hat man hier mit dem christlichen Fest nichts am Hut. Kein nerviges Gebimmel und Gedudel, stattdessen ruft nur der Muezzin. Keine kitschig aufgemotzten Christbäume, nichts erinnert hier an Weihnachten als vielleicht ein lichterkettenumwickeltes Bäumchen oder ein Advendskranz in Reichweite der Hotelrezeption. Statt Pflichtgeschenke erleben

Sie zu dieser Zeit die türkische Riviera ohne Massenansturm. Auf einer windgeschützten Terrasse können Sie bis in den Dezember hinein draußen im Sonnenschein frühstücken. Von November bis März brennt die Sonne nicht erbarmungslos, sondern umschmeichelt die Haut und schenkt gleichzeitig eine sanfte Bräune. Oft ist das Mittelmeer noch so warm, dass Baden nach keiner Mutprobe verlangt. Das Salzwasser versorgt ihre Haut nebenbei kostenlos mit vielen Mineralien und lässt sie nach einigen Tagen streichelweich erscheinen. Spaziergänge am Strand oder das Joggen nahe der Brandung lassen täglich die Glückshormone tanzen. Das Barfussgehen über einige Kilometer trainiert Fuß-, Waden- sowie Bauch- und Rückenmuskulatur. Gehen Sie dabei auch öfters über Steinschotter, das wirkt wie eine intensive Fußreflexmassage, für die im Wellnesstempel ansonsten zwischen 40 und 50 Euro fällig werden. Nicht nur passionierte Saunagänger werden nach einem langen Strandgang gern auf orientalische Art schwitzen: Auf dem heißen Stein im türkischen Bad (Hamam).

Die Türken, sowieso entspannter als die Deutschen, sind in der Saure-Gurken-Zeit noch gelassener und haben immer Zeit für einen Schwatz. Währenddessen steht man zuhause schon wieder an den Warenhauskassen Schlange: Diesmal um die blöden Geschenke gegen Bargeld einzutauschen. Ein 14tägiger Türkeiurlaub, langfristig als Pauschalreise um den Jahreswechsel geplant, ist kaum teurer als ein 3-4tägiger Hotelaufenthalt zur gleichen Zeit in Deutschland. Ähnliche Angebote gibt es auch für Malta, Tunesien und Zypern, wobei aber das Preis-Leistungsverhältnis in der Türkei bislang unerreicht bleibt. Die gesunde und schmackhafte türkische Küche gilt weltweit als eine der abwechslungsreichsten und gesündesten und ist schon daher allein die Reise wert.

Gute Nacht statt Prosit Neujahr
Kaum ist das Weihnachtsdilemma überstanden, folgt Silvester. Schon wieder sollen alle auf Knopfdruck fröhlich sein, weil es der Kalender so diktiert, wo doch ein wenig Traurigkeit und das Nachdenken über ein viel zu schnell vergangenes Jahr

angebrachter wäre. „Eine GEWIS-Umfrage hat ergeben, ... 25% der liierten Menschen denken bei öden Veranstaltungen an eine Trennung vom Partner. Nur 11% feiern den Jahreswechsel richtig gerne" (neue woche Heft 52/2006, S. 44). Dagegen hilft nur der Suff oder ein Boykott! Jedes Silvester hinterlässt von Böllern oder Raketen arg Verletzte und Verstümmelte oder seelische Verwerfungen im Familienkreis, nachdem man sich betütert mal wieder richtig die Meinung gegeigt hat.

Sagen Sie alle Feiern mit dämlichem Gaudi ab und verkrümeln Sie sich mit Ihrem Partner lange vor Mitternacht ins Bett. Rollos runter, Kerzen an: Massieren Sie dem Partner Füße oder Rücken bei beruhigender Musik, streicheln Sie ihn in den Schlaf oder mehr. Die Ohren werden gegen das Krachen der Knaller mit Oropax verstöpselt.

Nach ausreichend Schlaf sind Sie schon um neun Uhr hellwach. Nach dem Frühstück gehört Ihnen der erste Morgen des neuen Jahres ganz allein. Jetzt ist die beste Zeit für einen ausgiebigen Neujahrsspaziergang, währenddessen der große Rest Deutschlands noch seinen kollektiven Rausch ausschläft und anschließend mit dem Kater und schlechter Laune zu kämpfen hat.

Ablassventil Karneval
Ein Ministerpräsident stellt sich ganz selbstverständlich an die Spitze vom „Zug der fröhlichen Leute" in Cottbus. Das gemeine Volk soll sich schließlich amüsieren und nicht all zuviel nachdenken. Der Karneval wird als harmloses politisches Ablassventil von den Mächtigen im Lande wohlwollend unterstützt, denn er befriedigt die niederen Instinkte der Massen.

Heiko Ernst, Chefredakteur von ›Psychologie heute‹ bezeichnete die fünfte Jahreszeit auch als „Flucht aus dem öden Alltag" und „Ventil für Langeweile" (›radio eins‹, 20.02.07). Sämtliche Blödheiten und Geschmacklosigkeiten werden in dieser Zeit gesellschaftlich akzeptiert. Ersparen Sie sich das Geld und die ernüchternden sowie demütigenden Erfahrungen und meiden Sie das dämliche Getue.

Fade Feiern
Welch ein Grauen beim Blick auf den Kalender. Fast jede Woche hat jemand aus dem Familienclan, Freundes- oder Bekanntenkreis Geburtstag. Was soll man schenken ohne als einfallslos zu gelten? Der Ablauf der Feier (Plan A) ist fast immer der Gleiche: Nach dem Essen sitzt man beisammen und hat sich eigentlich nicht wirklich etwas zu sagen. Der Jubilar hat auch keinen Plan B in der Tasche, um seine Gäste zu unterhalten. Alles wird dem Zufall überlassen oder der Alkohol soll für Heiterkeit sorgen. Die Faustregel dabei ist meistens: Kommen mehr als sechs Leute, sind niveauvolle Gespräche unmöglich, weil ständig jemand dazwischenquatscht oder noch einen dämlichen Witz zum Besten geben muss. Meist ist die Frau oder Partnerin des Gastgebers die Gelackmeierte. Sie muss die Einkäufe erledigen, tags zuvor Kuchen backen, Salate kreieren oder stundenlang den Braten in der Röhre begutachten. Auch während der Party steht sie dann zumeist in der Küche. Der Mann oder Partner sorgt allenfalls für den Getränkenachschub aus dem Keller oder ist für den Gartengrill mit ekligem industriegewürztem Fertigfleisch zuständig.

Eine Alternative zur Einfallslosigkeit deutscher Geburtstagspartys ist nicht schwer: Feiern Sie lieber improvisiert im kleinen Kreis an ungewöhnlichen Orten. Laden Sie nur wenige Gäste zu einem Besuch in den Wellnesstempel ein. Hier packen Sie den selbstzubereiteten Nudelsalat mit Würstchen aus. Nach dem erquickenden Saunagang vor knisterndem Kamin kommt ein Gläschen Sekt gut und das Geburtstagskind samt Gäste ist auch ohne viel Tamtam rundum glücklich und alle haben dabei gemeinsam ihrer Gesundheit noch einen guten Dienst erwiesen. Oder die Geladenen finden sich zum ausgiebigen Picknick auf der Decke oder Sitzgruppe in den nächsten Schlosspark ein. Federball und/oder die Wurfscheibe sorgen für Spaß und ein wenig körperliche Aktivität. Oder Sie mieten zwei, drei Kanus, haben Kräutertee und Kuchen im Körbchen und paddeln zu einem hübschen Plätzchen am Flussufer. Das wird sogar den Kindern gefallen. Runde Geburtstage und andere

Jubiläen werden unvergesslich, wenn man die ungewöhnlichen Orte zum Feiern im kleinen Kreis ins Gebirge verlegt, zuvor eine gemeinsame Bergwanderung unternimmt und später bei Bier oder Wein gemütlich in der Hütte zusammensitzt und hier auch übernachtet. An einen solchen Geburtstag werden sich viele der Beteiligten vielleicht noch Jahre später erinnern, während an die übliche Feier nach Plan A kein Mensch mehr denkt.

Belügen Sie sich nicht selbst und sagen auch ihren Verwandten, Freunden und Bekannten die Wahrheit, wenn Ihnen althergebrachte Traditionen nach dem Motto „Das haben wir aber immer so gemacht" missfallen. Vereinbaren Sie lieber ein Treffen nach der Feier und lassen sich einige Vorschläge einfallen, wie man es besser machen könnte. Falls Ihr Gegenüber nur beleidigt reagiert, war die Beziehung oder Freundschaft nicht viel wert.

Eigene Rituale pflegen
„Viele Kinder von heute kennen keine festen Essenzeiten, kein Tischgespräch der Generationen, keinen Sonntag, keinen Werktag, keine Jahreszeit, nicht den Rhythmus von ... Anstrengung und Muße ... Heute scheint es eine Konstante, die alles zusammenhält und alles überdauert, nicht mehr zu geben ...", schreibt der Journalist Christian Nürnberger (chrismon Heft 4/2008, S. 44). Nach dem Wegfall Jahrhunderte langer Traditionen und Werte bleibt mitunter nichts mehr zum Fest- und Innehalten. Der gesellschaftliche Wandel konfrontiert vor allem Atheisten mit einem zunehmend sinnentleerten Alltag. Den einstigen Stellenwert der Religion hat hier oft der Konsum übernommen, der mittlerweile in fast allen Lebensbereichen Einzug gehalten hat, die Menschen elektrisiert und gleichzeitig versklavt.

Prüfen Sie Verwandtschaftsbeziehungen, alte Freundschaften und Bekanntschaften auf ihren aktuellen Gehalt. Es lohnt sich, eine Zeitlang aktiv zu werden, um Beziehungen immer wieder aufzufrischen. Merkt man aber, es kommt nie etwas zurück, sollte man es einschlafen lassen. Eine Freundschaft ist nur von Dauer, wenn beide Parteien daran werkeln und sie mit eigenen Ideen und viel Pflege am Leben erhalten.

Wenn Sie mit dem Althergebrachten nichts mehr am Hut haben, müssen Sie neue individuelle Festpunkte verankern. Gehen Sie jede Woche zur selben Zeit in die Sauna, am besten mit dem Partner. Vor dem Zubettgehen können Sie bei einem alkoholfreien Bierchen, Musik und Kerzenschein den Tag schön ausklingen lassen. Haben Sie dieses wöchentliche Ritual erst einmal liebgewonnen, möchten Sie es nie mehr missen. Oder gehen Sie vor dem Frühstück am Samstag oder Sonntag eine Runde joggen, sie werden nur einige Gleichgesinnte antreffen und haben Parks und Wald ansonsten für sich.

Wenn Sie es sich leisten können, fahren Sie jedes Jahr zur gleichen Jahreszeit an einen schönen Ort, den Sie bereits kennen, zur aktiven Erholung. Eine knappe Woche reicht, um an gewohnter Stelle auszuspannen und neue Kraft zu schöpfen. Auch gemeinsame Fahrten mit Freunden übers Wochenende oder die Feiertage können sich zu einem festen Jahresritual entwickeln, auf das man sich immer wieder aufs Neue freut.

Gehen Sie mit Freunden, Bekannten oder Kollegen öfter ins Kino oder Theater. Nach dem Anschauen kann man noch ein Weilchen zusammensitzen und über das soeben Gesehene diskutieren. So entkommt man elegant dem stumpfsinnigen Hocken vor der Glotze.

Faselfunke ausschalten
Heute wird uns suggeriert, dass wir immer und überall erreichbar sein müssen. Viele haben sich so sehr an den mobilen Elektronikkrempel gewöhnt, dass sie darauf nicht mehr verzichten wollen. „Wer 24 Stunden am Tag Allzweckgeräte wie das Blackberry in der Tasche hat, gefährdet Ehe, Familie oder Liebschaft. Im Zweifelsfall sogar alles zusammen ... Grund für die Gefahr ist die ständige Ablenkung. Menschen mit solchen Geräten sind zwar körperlich anwesend, aber nur begrenzt aufnahmebereit. Während die Partnerin also das Gespräch sanft in Richtung

der Probleme lenkt, piepst es plötzlich und er winselt: ›Nein verdammt, meine Vorzugsaktien sind um 0,4 Prozent gefallen‹. Die Folgen: Er frustriert, sie auch. Der Unterschied: Er hat von ihrer Frustration nichts mitbekommen" (Sascha Klein, LR-Woche, 3.1.08, S. 16). Der Weltenbummler Timothy Ferriss sagt: „Nachrichten und Informationen sind exzellente Sklaven, aber schreckliche Herren. 27 Prozent aller Blackberry-Nutzer checken ihre E-Mails alle fünf Minuten. Wer so etwas tut, ist zum Sklaven eines Effizienzprozesses geworden, statt ihn zu beherrschen" (Der Tagesspiegel, 18.05.08, S. K2).

Muss das Phone immer angeschalten sein? Man lebt viel ruhiger, wenn man selbst den Zeitpunkt bestimmt, Informationen entgegen zu nehmen. Ein- bis zweimal am Tag schaut man aufs Display, ob neue Nachrichten eingegangen sind und kann dann selbstbestimmt und in Ruhe reagieren. Auch sollte man die Mobiltelefonnummer nicht inflationär herausrücken, am besten, nur wichtige Bezugspersonen kennen den Kontakt. So bleibt der Kreis potentieller Anrufer beschränkt, alle anderen können wie gehabt über das Festnetz Kontakt aufnehmen.

Besitz verpflichtet und macht (oft) unglücklich

„Wie zahlreich sind doch die Dinge, derer ich nicht bedarf"
(Sokrates, Philosoph, 470-399 v. Chr.)

Alles unterliegt heute dem Marketing: Ich bin, was ich habe, und was ich habe, das hat mich. Allein das kann die Ursache für viele persönliche Zwickmühlen sein. Ex-Bundesligaspieler Sebastian Deisler gesteht im Interview: „"... es gab Phasen, ... mich über Äußerlichkeiten zu definieren. ..., ich war oben angekommen, und vor der Tür stand ein Mercedes. Aber das alles hat mich nicht glücklich gemacht. ... Ich war todunglücklich" (Der Tagesspiegel, 30.09.07, Beilage S1).

Immer mehr Menschen definieren sich nicht über ihren Charakter, die Arbeit oder die Familie sondern über Konsumgegenstände. Alexander Graf von Schönburg, Autor des Buches (›Die Kunst des stilvollen Verarmens‹ meint: „Jedes Eingeständnis, dass man etwas unbedingt ›braucht‹, kommt bereits einer Kapitulation gleich" (Focus, Heft 11/2005, S. 156).

Der Reporter, Weltreisende und Abenteurer Andreas Altmann verrät im Interview: „Ich gebe mein Geld nur für Dinge aus, die ich nicht abstauben, nicht einräumen, nicht versichern muss. Geld bedeutet für mich nur eins: Freiheit. ... Ich will nicht am Konsumismus verblöden, ich will die Dinge, die ich brauche. Leider zu viel, noch immer. Jetzt habe ich einen Futon, eine Schreibplatte, einen Stuhl, ein japanisches Sofa, meinen Computer. Und zwei Messer, zwei Gabeln, zwei Teller und zwei Tassen ..." (Der Tagesspiegel, 18.07.2010, S. S1).

Die kluge Hausfrau von anno dazumal wusste: Mit vielem hält man Haus, mit wenig kommt man aus! Und so ist' das auch. Unsere Großmütter besaßen einen Bruchteil von den angeblichen Haushaltshelfern wie wir heute – sie haben aber genauso gut oder gar noch besser gekocht, geputzt, genäht.

Mit gewieften Verkaufsstrategien sollen dem Konsumenten immer neue Dinge angedreht werden, die er eigentlich gar nicht kaufen will. Auf dieser einfachen Taktik basiert letztendlich unser Wirtschaftssystem und ein längerer Käuferstreik brächte alles ins Wanken. Besonders perfide gelingt das Aufschwatzen durch den künstlichen erzeugten Terror der Knappheit, beispielsweise mit fortwährenden Aktionen, die angeblich nur einen oder wenige Tag(e) gültig sind: „Ware nicht ständig im Angebot, bitte bevorraten Sie sich", heißt es dann im Verkaufsprospekt. Oder: „Rabatt von 20 Prozent nur heute". Oft wird in den Werbezetteln auch ein Fantasiepreis durchgestrichen und ein weitaus günstigeres Angebot soll zum Zulangen und vermeintlichen Sparen verlocken. Ganz gerissen agieren die TV-Shoppingsender. Vor den Augen der Konsumenten rasen die eingeblendeten Lagerbestandszahlen bedrohlich gegen Null – also wird das knappe Gut per Telefon schnell noch geordert.

Als in den USA der Verkaufsstart des iPhone bevorstand, gab es Verrückte, die schon tagelang vorher eine Ladenschlange bildeten. Einkaufen wird jetzt als Abenteuer, Bewährungsprobe und Kampf gegen die Mitbewerber zelebriert. Die „Erfolgreichen" kommen oft sogar in die Fernsehnachrichten und fühlen sich als Helden. Shoppen als Event – Einkaufen wird im aus den Fugen geratenen Lebensrhythmus des 21. Jahrhunderts mehr und mehr zum modernen Glücksersatz manipulierter und sinnentleerter Konsumenten. Die meisten Gegenstände verlieren nach dem Kauf schnell ihren Reiz, der Nervenkitzel besteht nur im Erwerb. Wird das vermeintlich beglückende Statussymbol zur Massenware, muss schnell ein neues her. „Fühlt man sich erst dann als Mensch wertvoll und dazugehörig, wenn man hat, was andere haben? ... Es braucht Haltung, um den Sirenenrufen zu widerstehen – vom Blush-on-Rouge [Kosmetik, d. A.] über schicke Telefone bis zum neuesten Auto", sagt die Theologin Susanne Breit-Keßler (chrismon Heft 04/2010, S. 20).

Rastloser Konsum
Verkaufsoffene Sonntage und zunehmende Sonntagsarbeit lassen befürchten, dass auch die letzte Bastion von Ruhe und Einkehr alsbald dem Profit und Konsum geopfert werden. Weihnachten verkommt dabei zum alljährlichen Höhepunkt der Geschäftemacherei. Die den Christen auferlegte Besinnlichkeit wird durch wochenlangen Konsumterror in der Vorweihnachtszeit auf eine harte Probe gestellt. Atheisten werden gar an den Rand der Verzweiflung getrieben, weil sie allen Erwartungen gerecht werden wollen. Ganzjährig hat sich das Einkaufen am Samstag mit der Familie in den großen Shoppingmalls zu einer neuen Freizeitbeschäftigung entwickelt. Andauernder Aktionismus und Hektik sind die Brüder angeblichen Fortschritts. Die wachsende hysterische Rastlosigkeit der Gesellschaft kann der Einzelne nicht aufhalten, aber sehr wohl das eigene Leben im Alltag durch Verweigerung bewusst entschleunigen. Bloß nicht von der Massenhysterie „Das ist geil" anstecken lassen, wenn für eine ›Nacht des langen Shoppings‹ geworben wird. Der komplette Konsummüll wird schnell wieder aufgefüllt, und zu regulären Öffnungszeiten kauft es sich entspannter ein, man muss nicht an Schlangen vor den Kassen stramm stehen und gewinnt Zeit für Wichtigeres. „Harmonie ist, wenn alles zusammenpasst – wie bei der Designlinie ...", heißt es im Prospekt ›Produkte für ein schönes Leben‹ eines großen Discounters. Ob ein Käufer glücklicher wird, wenn er das Beworbene erworben hat? Die lachenden Eltern und ihre Kinder in der Werbung sollen dem Konsumenten gerade dies suggerieren. Aber die Akteure sind bestimmt nicht so freudig gestimmt, weil sie neue Klamotten anhaben. Sondern weil sie fürs Honorar grinsen müssen!

Auf die Frage, was Fernsehwerbung bezweckt, antwortet der ›Großvater aller Amerika-Kritiker‹, Noam Chomsky: „... sie verdünnt, täuscht, liefert schöngefärbte Bilderwelten – um uninformierte Konsumenten zu haben, die irrationale Entscheidungen treffen. Dafür gibt die PR-Industrie jährlich Hunderte von Milliarden aus" (Der Tagesspiegel, 4.02.07, S. S1). Spontankäufe sollte man vermeiden und vor jeder Anschaffung über Sinn, Notwendigkeit und Alternativen nachdenken. Mit jedem hochwertigen Gut steigt auch die Angst vor dessen Verlust und dem Neid der Nachbarn. Je mehr Gegenstände im Laufe des Lebens angehäuft werden, umso mehr Schwierigkeiten mit dem gesammelten Eigentum hat man am Hals. Es ist nicht nur das Geld, welches dafür oft verschwendet wird. Das blinde Vertrauen in die Technik wächst mit jedem Gerät. Bei Problemen ist man häufig hilflos, kann kaum noch etwas selbst reparieren oder hat alle früheren Fertigkeiten verlernt, irgendwie auch ohne technische Geräte klarzukommen. Beispiel Rasenmäher: Früher konnte jeder Bauer mit der Sense geräuschlos Gras hauen, heute weiß kaum noch ein Mensch wie das geht. Damals hat man sich dabei körperlich angestrengt, ganz ohne Muckibude. Beim Rasenmähen mit dem Benziner ist man heutzutage neben dem Lärm auch noch giftigen Abgasen ausgesetzt. Noch in den 1970er Jahren konnte man das Auto selbst reparieren, wenn Störungen auftraten. Heute ist das Meiste so gebaut, dass der Laie kaum noch durchblickt.

Kaufen Sie nie etwas auf Pump, machen Sie sich nicht freiwillig zum Konsumsklaven! Auch wenn die Raten auf den ersten Blick gering erscheinen, üben Sie Verzicht, wenn das verfügbare Budget durch einen beabsichtigten Kauf überschritten wird. Denn je länger die Laufzeit, desto kleiner sind zwar die Raten aber umso höher ist die Summe, die der Kunde unterm Strich zurückzahlen muss. Die jahrelange Erfahrung lehrt: Man lebt zufriedener, wenn man das persönliche Wohlstandniveau freiwillig um ein, zwei Stufen nach unten schraubt. Mit der Regel, zehn Prozent weniger auszugeben, als monatlich eingenommen werden, liegen Sie etwa richtig. Mit Selbstgenügsamkeit und ohne drückende Schuldenlast sammeln sich über die Jahre einige Reserven an. Das Geld allein macht natürlich nicht glücklich, wie schon der Volksmund weiß. Sie müssen aber in plötzlichen Notlagen nicht auch noch bis zum Umfallen malochen, sondern können sich den Problemen in Ruhe widmen. Man kann die Sparsamkeit auch stilvoll umschreiben: Pflegen Sie die Kunst des Weglassens. Krisenzeiten werfen Sie nicht sofort aus dem Gleichgewicht und sollte es doch mal dicker kommen, so befinden Sie sich schon auf einer Stufe, auf die die Anderen dann sehr unsanft fallen. Die Idiotie des Konsumwahns bemerken viele erst in Umbruchphasen: „Irgendwo ... musste sich eine riesige Müllhalde befinden, die ausschließlich von den Jakobsens gefüllt worden war. Für diesen Kreislauf von Kaufen, Entsorgen, Verschrotten hatte er sich Tag für Tag abgerackert und die schönsten Jahre seines Lebens geopfert" (Claudia Keller, ›Einmal Himmel und retour‹, Blanvalet Verlag, Taschenbuchausgabe 1998, S. 124/125). 2008 wurde im niedersächsischen Städtchen Celle die Lebensformel des „kleinen Mannes" im Kapitalismus noch drastischer formuliert. Ein Graffitisprayer schrieb anonym auf eine Hauswand unterm Schloss: Work, eat, buy, consume and die.

Das Haus als ein Sargnagel
Häuslebesitzer sind selten Freidenker. Ein Haus, die Familie mit Kind(ern), ein Hund, ein Garten und zwei Autos – spätestens dann werden Sie so viele Probleme zu bewältigen haben, dass Sie nicht mehr merken, was in der Welt um Sie herum wichtiges passiert. Daher ist auch der bundesdeutsche Staat sehr daran interessiert, dass die Bürger Eigentum bilden. Wer vollauf beschäftigt ist und rund um die Uhr für den vermeintlichen Wohlstand malocht, der guckt den Mächtigen nicht mehr so genau auf die Finger. Der US-Schauspieler und Regisseur Sean Penn meint: „Ich glaube, wenn wir alle unser Leben nach unseren eigenen Vorstellungen gestalten würden, käme das Establishment in große Schwierigkeiten" (Der Tagesspiegel, 29.01.08, S. 21). Besitz verpflichtet und nagelt fest. „Denn auch an einer Immobilie geht die Zeit nicht spurlos vorüber. Von Zeit zu Zeit sind Modernisierungs- und Instandhaltungsmaßnahmen erforderlich ... All das geht meist richtig ins Geld ..." (Stefan Terliesner, GELDidee, Heft 1/2007, S. 26). Hauseigentümer verbauen sich mit den fortlaufenden Kosten und zeitaufwändigen Aufgaben ihrer Investition die Zukunft. „... denn wenn man ein Haus hat, fährt man nirgends anders mehr hin", gab der weltbekannte Globetrotter Gustav Ginzel in seinen Aufzeichnungen ›Das Misthaus an der Iser‹ zu bedenken. Auch wenn sich mancher

Häuslebauer ab und an zu einer Reise aufraffen kann, ist es nicht von der Hand zu weisen, dass mit einem eigenen Haus alles komplizierter wird. Haustiere und Garten wollen versorgt sein. Vor jedem Urlaub stellt sich die Frage, ob das Reisegeld wohl nicht besser in eine dringende Reparatur investiert wäre. Und eigentlich, so hört man immer wieder, ist es zuhause doch am schönsten. Wer aber ständig im eigenen Saft schmort, nicht mehr über den eigenen Tellerrand schaut, keine Anregungen mehr von außen erfährt, Erlebnisse anderer Zeitgenossen nur aus dem Fernseher, der Tageszeitung oder dem Internet aufsaugt, dessen Geist verarmt mit der Zeit.

„Ihr Vater hatte Mühe gehabt, das kleine Häuschen zu bezahlen ... Dafür waren sie auch nie richtig in die Ferien gefahren, vor lauter Hausabbezahlen war einfach kein Geld dagewesen ... Sie würde niemals ihr ganzes Geld in ein Eigenheim stecken, eher in tolle Reisen investieren und dafür zur Miete wohnen", gesteht die Protagonistin im Roman ›Fünf-Sterne-Kerle inklusive‹ (Gaby Hauptmann, Serie Pieper, S.62). „Selbst Dieter Bohlen hat ... erkannt, dass Eigentum ... auch große Nachteile hat. Man brauche Angestellte und könne nicht mehr nackt und laut pupsend im Haus herumlaufen, was der gemeine Hartz-IV-Empfänger ja jederzeit kann" (Angela Elis, Der Tagesspiegel, 30.10.08, S. 1).

Wer sich in einer biederen Wohngegend nicht einfügt, hat schnell den Ruf eines Außenseiters an der Backe. Dann ist es mit der guten Nachbarschaft schnell vorbei. In einer Mietwohnung schließt man die Türe hinter sich zu und kann hier nach eigenen Vorstellungen glücklich werden. Solange man sich an die allgemeine Hausordnung hält, lässt sich in der Anonymität jeder beliebige Lebensstil verwirklichen.

Ein eigenes Häuschen im Grünen oder eine schicke Eigentumswohnung in bester Lage wird heute als ein Grundpfeiler persönlichen Glücks angesehen. So suggerieren es Banken, Werbung und gesellschaftliche Normen. Wer in einer Mietwohnung lebt, gilt – wenn nicht als armer Schlucker – zumindest als einer, der es nicht geschafft hat, hinter vorgehaltener Hand als ein Versager. Weil das so ist und fast alle mithalten wollen, obwohl es sich viele nicht oder nur mühsam leisten können, kommt es zu abenteuerlichen Baufinanzierungen, die sich später als Albtraum entpuppen. Unter Umständen muss man in den eigenen vier Wänden ärmlicher und sparsamer leben, als der Mieter einer kleinen Wohnung. Die monatlichen Raten nagen intensiv am Einkommen. Gespart wird jetzt an vollwertigen Nahrungsmitteln, Wellness, Kultur und Reisen.

Krisen zwingen Hausbesitzer mitunter dazu, nach der Trennung mit ihrem Ex-Partner zusammen zu wohnen. Psychologen nennen das Phänomen „Leben mit dem Feind". Wer zu spät kommt, den bestraft heute der übersättigte Immobilienmarkt: Das einst teure Haus ist über Nacht nur noch einen Bruchteil wert, weil zum gleichen Zeitpunkt Zehntausende ebenfalls verkaufen müssen. „Die Zahl der unfreiwilligen Wohngemeinschaften mit Fremden, Feinden oder der Verwandtschaft steigt in den USA. Viele Amerikaner versuchen damit, ihr Haus vor der Zwangsversteigerung zu retten" (Silke Bigalke, Der Tagesspiegel, 11.04.09, S. 11).

Viele Männer wollen sich als Handwerker am Bau eines Hauses verwirklichen. Dass sie dabei zwangsläufig über Jahre der Mehrfachbelastung von Vollzeitjob, Freizeitwerkeln und Familienpflichten ausgesetzt sind, lassen sie beim Planen außer acht. Für das Familienglück bleibt auf lange Dauer wenig oder gar keine Zeit: Ein hochexplosives Gemisch, das Familien auseinanderbrechen lässt. In einer Zeit, die Mobilität und schnelle Wechsel der Lebensumstände voraussetzt, ist das eigene Haus oft ein Sargnagel. Manche Arbeitnehmer verlieren nach dem Einzug ins Haus ihren Job vor Ort und müssen sich auswärts verdingen. Zur Arbeitsbelastung kommt jetzt eine weite tägliche An- und Rückfahrt dazu. Besser wäre ein gemeinsamer Umzug, aber man kann ja das Haus nicht aufgeben! Entscheidet man sich für eine Wochenendpartnerschaft ist auch das oft der Anfang vom Ende.

Heute (noch) gut bezahlte Jobs sind kein Grund, seine Mietwohnung zu verlassen und ein Haus auf Pump zu finanzieren. Hunderttausende haben es erlebt: Über Nacht macht die Firma den Laden dicht und die bislang sicher geglaubte Arbeit ist futsch. Hat man dann das Glück, einen neuen Arbeitgeber zu finden, sind Lohneinbußen von 20 bis 30 Prozent nicht die Ausnahme, sondern die Regel. Spätestens jetzt geht die Rechnung nicht mehr auf, die Raten übersteigen das Haushaltsbudget. Manch einer gerät jetzt in die Fänge von zwielichtigen Finanzhaien und lässt sich Kredite andrehen, um damit das Hypothekendarlehen weiter bedienen zu können. Ein Nebenjob muss her. Die Frau fühlt sich vernachlässigt, zieht aus und reicht die Scheidung ein. Jetzt werden auch noch Unterhaltszahlungen fällig. Das bringt das Kartenhaus zum Einsturz, der Bauherr ist pleite und in sein Haus ziehen jetzt andere.

Selbst wer „sein" Haus abbezahlt hat, aber drei Jahre die Grundsteuer nicht zahlt, wird schnell belehrt, wer der rechtmäßige Eigentümer ist – der Staat! Die selbstgenutzte Immobilie ist meist nichts anderes als die größte Konsumanschaffung im Leben. Der englische Ausdruck „Real Estate" ist aus dem Spanischen übernommen und heißt „Königliches Land". Steuerbehörden und Gerichte können einem das Haus bei Schulden einfach wegnehmen. Es gehört dem Bewohner nicht real.

Das eigene Haus kann nicht umziehen
Festgemauerten Besitz anzuhäufen, kann sich in den kommenden Jahren auch aus einem anderen Grund rächen: „Schon heute sinken die Immobilienpreise in entfernteren Regionen. In zehn Jahren sind die Häuser fast nichts mehr wert, weil die nächste Generation dort nicht leben will", antwortet Albert Speer auf die Frage nach den romantischen Träumen vom Haus im Grünen. Er ist Architekt, Stadtplaner und Professor für Raum und Umweltplanung (chrismon 10/2010, S. 26).

In Berlin wird gegenwärtig ein Großflughafen gebaut, für die Anwohner bedeutet das nach dem Eröffnen 19 Stunden am Tag Dauerlärm. Reporter haben mit Anwohnern gesprochen, von denen einer meinte, er wolle sein Haus verkaufen, aber ein Makler habe ihm geschrieben, dass er kein Interesse habe an der Vermittlung, da das Haus nun wegen des Fluglärms wertlos sei! So ist das mit Betongold, wird in der Nähe das Falsche gebaut, geht der Wert rapide in den Keller, bis hin zum Totalverlust. Unerwartete Immobilien-Preiskiller gibt es viele: Eine neue Einflugschneise, ein Autobahnzubringer, eine Umgehungsstraße, ein neues Industriegebiet...

Aber von staatlicher Seite droht Häuslebesitzern weiteres Ungemach. „Die öffentlichen Finanzen in Deutschland sind dramatisch. ... Systemkritische Experten sind sich einig: Der Staat wird seine Bankrotterklärung nur verhindern bzw. abermals hinauszögern können, indem er die Bürger neben den normalen Abgaben in besonderer Form enteignet. ... Bereits 1923 und 1948 gab es staatliche Zwangshypotheken. ... Bei einer staatlichen Zwangshypothek wird eine Grundschuld zugunsten des Staates in die Grundbücher eingetragen. Immobilienbesitzer werden somit zwangsweise verschuldet und müssen den oktroyierten [aufgezwungen, d.A.] Kredit abzahlen. ... Eigentum verpflichtet – so steht es im Grundgesetz der BRD. Diese schwammig gehaltene Formulierung im Artikel 14 könnte Immobilienbesitzer in den nächsten Jahren teuer zu stehen kommen" (Michael Vogt im Gespräch mit Andreas Popp, mmnews.de, 16.05.11).

Günstiges Leben im Osten
Verkaufen Sie Ihr Haus im Westen und ziehen in eine ostdeutsche Stadt. „Das Bundesinstitut für Bevölkerungsforschung hat ermittelt, dass schon 80 000 Menschen über 65 in den vergangenen Jahren von Deutschland West nach Deutschland Ost gezogen sind. Auch das ist eine Form, den Lebensstandard im Alter zu optimieren" (Stefan Schmitz, Stern 5/2008, S. 52). Wenn Sie familiär und beruflich nicht an einen Ort in Westdeutschland gebunden sind, können Sie das damit frei werdende Geld langfristig in ein selbstbestimmtes Leben investieren. Vorausgesetzt, Sie legen das Vermögen gut und sicher an und leben fortan bescheidener. Eine kleine Mietwohnung ist genau das Richtige, fünfzig Quadratmeter gibt es für etwa 400 Euro im Monat samt Betriebskosten. Eine minimale Grundausstattung

genügt, diese muss aber jeder für sich definieren. Idealerweise ist es eine grenznahe Stadt zu Polen oder Tschechien. In Frankfurt (Oder), Cottbus, Dresden, Bautzen, Görlitz oder Zittau findet man noch eine große Auswahl an bezahlbaren Wohnungen. Das sächsische Görlitz an der Lausitzer Neiße gilt unter Insidern und Denkmalschützern sogar als die schönste Stadt Deutschlands. Einige westdeutsche Pensionäre und Architekturliebhaber haben das erkannt und sind jetzt glückliche Neu-Görlitzer, der große Rest aber hat keine Ahnung davon, welch städtebauliches Juwel sich im Osten verbirgt. Der aus Hessen zugewanderte Pensionär Horst Eichhorn sagt: „Vergleichbarer Wohnraum wäre im Westen fast doppelt so teuer ... Natürlich müssen wir oft Bedenken von Dunkel-Deutschland zerstreuen. Unsere Freunde dachten auch, wir ziehen nach Polen" (Lausitzer Rundschau 20.04.07, S. 3).

In Ostdeutschland lässt es sich mit weniger Geld besser leben als im Westen Deutschlands. Das liegt nicht nur an den niedrigeren Lebenshaltungskosten in Ostdeutschland. Der Euro ist in Polen und Tschechien zum Teil das Doppelte wert: Durch den Wegfall der Grenzkontrollen kann man den finanziellen Vorteil komplikationslos nutzen, vor allem bei Dienstleitungen (wie Autoreparaturen, Friseur, Kosmetik, Restaurantbesuche), Kuren, vielen hochwertigen Lebens- und Genussmitteln, einheimischer Markenware, Sprit und Zahnarzt. Auch junge Familien dürfen sich auf den Osten freuen: Laut Familienatlas sind die östlichen Bundesländer am engagiertesten, um junge Bürger und Familien zu halten bzw. zum Wohnortwechsel zu bewegen. „Wenn es um Betreuungsangebote und die Chancengleichheit von Männern und Frauen geht, nennt das Ranking auf den ersten 25 Plätzen nur ostdeutsche Städte und Kreise, ebenso im Punkt Bildung und Ausbildung, bei dem Klassengrößen, Unterrichtsstunden und das Verhältnis von Schülern pro Lehrer gemessen wurden" (Andrea Dernbach, Der Tagesspiegel, 5.10.07, S. 2).

Glücksgefühle durch Verzicht: Auto fahren einschränken

„Jeder Popel fährt 'nen Opel, jeder Affe fährt 'nen Ford, jeder Blödmann fährt 'nen Porsche, jeder Arsch 'nen Audi Sport, jeder Spinner fährt 'nen Manta, jeder Dödel Jaguar. Nur Genießer fahren Fahrrad und sind immer schneller da." (CD ›Das Leben ist grausam‹, Die Prinzen, ›Mein Fahrrad‹, 1991)

„Der Po. Es muss dieser Po sein. Sexy, sagt der Kollege, ziemlich sexy. Hat was von Jennifer Lopez" (Eric Metzler, Der Tagesspiegel 24.11.07, S. M1). Gemeint ist hier aber nicht das Superweib, sondern das Hinterteil des neuen BMW Coupé 135i mit 306 PS. Nach einem Fahrtest mit dem Porsche Cayman S gab ein Redakteur zu Papier: „Einfach nur fahren, fahren, fahren. ... Ein Gefühl von Überlegenheit stellt sich da ein. ... Man könnte allen davonfahren. Allen. Einfach nur kurz das Gaspedal antippen und ab geht's. ... Man kann den Kleinwagenfahrern doch auch mal gönnerhaft das Gefühl der Überlegenheit geben, wenn sie einen Porsche überholen dürfen. Können sie ja dann am Abendbrottisch ihrer Familie erzählen ... Porschefahrer dürfen das ... Porschefahrer haben die Macht am rechten Fuß kleben ..." (Thomas Richert, hermann – Das Magazin aus Cottbus, Heft 5/07, S. 7).

Der mobile Wahnsinn
Die Baulobby hat in Deutschland ganze Arbeit geleistet. Der Wahnsinn hat Methode. „Es gibt keine Ecke mehr in Deutschland, die nicht komfortabel über Straßen erreichbar wäre. Trotzdem werden dem Straßenbau immer noch Milliarden hinterher geworfen. ... Verkehrspolitik sei ein Selbsbedienungsladen für die Bauwirtschaft. Den Lkw wird der rote Teppich ausgerollt, gleichzeitig wird das Schienennetz der Bahn seit 30 Jahren geplündert" (Ernst Loosen, Der Tagesspiegel, 9.04.10, S. 3). Autobesessene bekommen in Deutschland einen Freibrief. Auch Ausländer

dieser Spezies mieten hier gern einen Wagen mit mehrhundertfacher PS-Leistung unter der Motorhaube und kosten den Geschwindigkeitsrausch in vollen Zügen aus. „Wie viele Irre auf den linken Spuren unterwegs sind, weiß jeder Autobahnfahrer. Es ist einzigartig, was hierzulande den Rasern als Spielbahn geboten wird. Nirgendwo sonst darf derart gebrettert werden" (Alfons Frese, Der Tagesspiegel, 29.10.07, S. 8). Die kraftstrotzenden Edelmarken sind ein begehrtes Statussymbol: Schaut alle her, ich habe es zu etwas gebracht! Der Luxusschlitten muss mitunter sogar als verlängerter Phallus herhalten, weil es mit der wahren Männlichkeit nicht mehr so gut bestellt ist, man der Weiblichkeit aber dennoch imponieren möchte. Auto fahren gilt als sexy, denn mit dem schicken Untersatz kann Mann mit Wabbelbauch noch immer den Macho herauskehren. Leider erfüllen sich die Hoffnungen nicht wirklich. Weil hinter dem Steuer nicht selten Faul- und Trägheit lauern, man sich nur passiv fortbewegt und damit nicht mehr ausreichend körperlich fit hält, fehlt der Sauerstoff im Gehirn und anderswo, der nachweislich auch die Libido anregt. „Autos dokumentieren keinen Status, Autos sind praktisch und immer häufiger: überflüssig. Wer in einem vernetzten öffentlichen Verkehrssystem lebt, ist, selbst in Berlin, meist schneller am Ziel" (Henrik Mortsiefer, Der Tagesspiegel, 5.2.11, S. 25).

Kostenfaktor Nr. 1 in Haushalten ohne Haus ist (sind) das (die) Auto(s). „In einer besonders kritischen Situation habe ich durchgerechnet und bin zu dem Ergebnis gekommen, dass es für uns am effektivsten ist, das Auto zu verkaufen, und bei Bedarf ein Taxi oder einen Mietwagen zu nutzen. Reaktion des arbeitslosen Ehemanns: Gesicht wie nach einem Urteil zur Kastration. Im Klartext: Mann ohne Auto ist wie Mann ohne Schwanz", schrieb eine Brieffreundin.

Abgesehen von den ständig steigenden Kosten für des Deutschen liebstes Kind wirken Autofahrer oftmals gestresst. Autofahren schädigt die Gesundheit, denn schon eine Stunde täglich am Lenkrad ist Gift für den Rücken. Überall auf der Welt, wo man hauptsächlich mit dem Auto zum Einkaufen fährt, da nimmt die Altersdiabetes sprunghaft zu. Dauerstau zur Rush hour, eine oft nervige Parkplatzsuche, die Furcht vor Knöllchen, allgegenwärtige Geschwindigkeitskontrollen, Verkehrsrowdies und die Angst vor Diebstahl oder Sachbeschädigung verderben den Spaß. Heute muss man sogar damit rechnen, dass das Auto angezündet wird, wie viele Berliner bereits leidvoll erfahren mussten.

Berthold Färber, Unfallforscher und Verkehrspsychologe sagt: „Normaler Straßenverkehr ist unberechenbarer als ein Autorennen" (Focus 51/2007, S. 135). Bei einem Tempolimit von 130 km/h würde es etwa 20 Prozent weniger Unfälle mit Todesfolge geben, heißt es bei der Bundesanstalt für Straßenwesen. Die Unfallzahlen stagnieren oder fallen zwar, aber noch immer sterben jährlich etwa 5000 Bundesbürger und knapp eine halbe Million werden im Straßenverkehr verletzt. Jedes andere Verkehrsmittel wäre bei dieser Schreckensbilanz längst geächtet. Oder würden Sie sich noch in ein Flugzeug setzen, wenn hier eine ähnlich hohe Zahl an Opfern zu beklagen wäre?

Der Autor Klaus Gietinger hat ein Autohasserbuch verfasst, in dem er den bislang etwa 900 000 (!)Verkehrstoten in der Bundesrepublik [Stand 2010, d. A.] gedenkt. Er nennt alles beim Namen, ohne zu verkleistern: die tägliche An- und Abfahrt der Kinder zur Schule im Auto mit Mutti oder Vati heißt „Anlieferwahnsinn", die allgemeine Massenmotorisierung nennt er „Dauerzustand permanenten Totschlags" und Autofahrer kurz und bündig „PS-Idioten". Als Gietinger im Spielzeugladen für seinen Sohn statt eines Autos eine Straßenbahn sucht, wird er da nicht fündig. Gietingers Prognose für 2010: „Es werden 1,275 Millionen Menschen auf den Straßen der Welt sterben" (Klaus Gietinger, ›Totalschaden – das Autohasserbuch‹, Westend Verlag 2010).

Im Jahr 2011 gab es deutschlandweit „3910" (ADAC-Motorwelt, Heft 1/2012. S. 16) Verkehrstote.

Der Diesel- und Feinstaubausstoß aus Industrie und Straßenverkehr, fordert EU-weit jährlich um die 460 000 Opfer, davon 67 000 Tote in Deutschland. Die freigesetzten Kleinstteilchen, in Nanogramm gemessen, können ungehindert in den menschlichen Körper eindringen und bedrohen vor allem Kinder und Alte. In Zeiten des Klimawandels und weltweiten Hungers sollte das unbekümmerte Autofahren der Vergangenheit angehören, doch die meisten Bürger scheren sich nicht darum. „Aus 100 kg Weizen können, rund gerechnet, hundert Brote gebacken werden. Aus 100 kg Weizen lassen sich aber auch 35 Liter Ethanol gewinnen. Der Energiegehalt entspricht etwa 25 Liter Benzin – ausreichend für gute hundert Kilometer mit einem Geländewagen" (Stefan Woltereck, Der Tagesspiegel, 23.02.08, S. M3). 200 kg Reis reichen aus, einen Menschen ein Jahr zu ernähren oder um für 50 Liter Biotreibstoff zu produzieren. Man kann es drehen und wenden wie man will: Biosprit, aus potentiellen Lebensmitteln wie Mais, Raps, Reis, Soja oder Weizen erzeugt, ist ein Verbrechen, solange Menschen an Hunger leiden und Zehntausende täglich daran sterben.

In den deutschen Städten ist die Hälfte aller Autofahrten kürzer als sechs Kilometer. Hier wäre ein massenhafter Umstieg auf Bus, Bahn, Fahrrad oder gar zu Fuß sofort realistisch. Wenn Sie nicht aus gesundheitlichen Gründen oder wegen der Arbeit auf ein Auto angewiesen sind, gibt es kaum eine Ausrede, den fahrbaren Untersatz nicht wenigstens zeitweise stillzulegen oder abzuschaffen. Es sei denn, Sie wohnen in der Pampa ohne Bahnanschluss und der Bus kommt nur noch dreimal in der Woche.

Wenn die Arbeitsstelle maximal zehn Kilometer von der Wohnung entfernt liegt und man nicht im Gebirge wohnt, ist das Fahrrad das ideale Fortbewegungsmittel. Die ersten Tage nach einem Umstieg auf die Pedalen sind schwer: Eher aus den Federn kriechen, sich körperlich anstrengen, und dann schmerzen auch noch alle Glieder aufgrund der neuen Herausforderung. Das geht aber schnell vorbei, hat man sich erst an die neue Fortbewegung gewöhnt. Manch einer liebt das Radeln auch bei Wind und Wetter. Bei der Hinfahrt werden Sie richtig munter, bei der Heimfahrt können Sie auslüften und ihren Gedanken freien Lauf lassen. Nebenbei wird der Körper konditioniert, man fühlt sich ausgeglichener. Der Rücken und die Beinmuskulatur werden besonders gekräftigt, der Kreislauf in Schwung gebracht. Wer das tägliche Radfahren einige Wochen durchhält, möchte das nie mehr missen, es wird zu einer Passion. Für jede Anforderung gibt es heute eine technische Lösung: Mütter und Väter können den Nachwuchs im komfortablen Anhänger zur Kita fahren, auch für etwas größere Lasten findet man das passende Zubehör. Mit dem Fahrrad und stabilen Gepäcktaschen bekommt selbst die Hin- und Rückfahrt zum Einkaufsmarkt einen Trainingscharakter. Mit dem Fahrradfahren vollbringen Sie immer eine körperliche Leistung, die der Gesundheit zugute kommt.

Der mobile Kompromiss
Wer in einer Stadt über 100 000 Einwohner lebt, kann das Car-Sharing nutzen, um stundenweise ohne eigenes Auto automobil zu bleiben. Das ist günstiger als ein herkömmliches Mietauto. Zuerst melden Sie sich bei einem von etwa hundert lokalen Anbietern an (auch die Deutsche-Bahn-Tochter DB rent betreibt Car-Sharing). Der monatliche Mitgliedsbeitrag kostet 5 bis 20 Euro. Die Miete für eine Stunde entspricht etwa dem Preis einer Straßenbahn- oder Busfahrkarte, dazu kommt je gefahrenem Kilometer noch eine Centgebühr. Reservieren können Sie auch kurzfristig per Telefon oder über das Internet, wobei fast immer ein Auto zur gewünschten Zeit verfügbar ist. Bei einigen lokalen Firmen kann man mit seiner Kundenkarte auch spontan einsteigen. Die Vorteile liegen auf der Hand. Nicht nur die Spritpreise steigen, auch Autowerkstätten, Versicherungen, TÜV, Anwohnerparkgebühren, Plakette für Umweltzone oder die Waschstraße schlagen enorm zu Buche, sodass der ADAC errechnet hat: „Mindestens 300 Euro frisst jeder Privatwagen pro Monat ... Selbst wenn nur die kleinste fahrtüchtige Kiste in der Garage steht" (Nadine Oberhuber, FAS, 13.01.08, S. 47). Und Sie sparen jede Menge Zeit, weil Sie sich um all diese lästigen Pflichten nicht mehr kümmern müssen. Der durchschnittliche Bundesbürger fährt etwa 90 Prozent aller Strecken per Auto, was sich auf nicht mehr als 15 000 km pro Jahr summiert. Ungefähr 22 Stunden täglich steht der

Untersatz stille, nicht aber die laufenden Kosten. Car-Sharing ist gelebter Umweltschutz, denn jedes der Autos ersetzt ca. 30 private Fahrzeuge. „Der übliche Car-Sharing-Kunde ... durchläuft eine Lernkurve: Anfangs nutzt er die Autos häufig, doch mit der Zeit legt er immer mehr Strecken per Bus oder Rad zurück" (Nadine Oberhuber, FAS, 13.01.08, S. 47).

Zeit gewinnen: Das TV-Gerät entsorgen

"Beim Fernsehen hat man häufig den Eindruck, man sei einer Toilette angeschlossen. Man sieht nur Scheiße" (Otto Waalkes)

Die Worte des Komikers Otto stammen aus einer Show Mitte der 1970er Jahre, also zu Zeiten, als nur öffentlich-rechtliche Programme auf Sendung waren. Seit dem Start der Privaten hat sich die Situation geradezu zur medialen Katastrophe ausgeweitet. Heute trägt die Glotze mit sinnentleerten Angeboten Mitverantwortung für die Verblödung der Deutschen. „Wenn Inhalte wertlos sind, dann werden die Menschen irgendwann hohlköpfig und inhaltslos" (Jaron Lanier, FAS, 17.01.10, S. 19). Fernsehkonsum stiehlt Zeit für die wichtigen Dinge im Leben, macht bequem und verbaut jungen Leuten Perspektiven. Es stört auch schon die kindliche Entwicklung. Abgesehen von ausgewählten Dokumentationen, Politmagazinen sowie einigen Kindersendungen werden nur wenige anspruchsvolle Fernsehfilme produziert, die das wirkliche Leben abbilden. Der chinesische Regisseur Jia Zhang-ke meint: „Ich finde, jeder Film – welchem Genre er auch immer angehört – sollte mit unserer heutigen Realität verbunden sein. Auch Kung-Fu-, Horror- oder andere kommerzielle Filme können etwas über unsere Zeit aussagen" (Der Tagesspiegel, 4.10.07, S. 41). Der 2007 in Cannes preisgekrönte rumänische Kollege Cristian Mungiu sagt, man brauche „weder ein großes Budget noch große Stars, um eine Geschichte zu erzählen, der die ganze Welt zuhört" (Der Tagesspiegel, 20.11.07, S. 21). Doch obwohl es möglich wäre, realitätsnahe und großartige Geschichten ohne viel Geld zu produzieren, ist Qualität durch Realitätsverbundenheit beim Fernsehen offensichtlich kaum gefragt. Fernsehen soll dem grauen Alltag des Publikums etwas Glanz spenden. Wäre das nicht so, wäre der Zuschauer unerträglich an das erinnert, was ihm täglich versagt bleibt – gibt Theodor W. Adorno sinngemäß zu bedenken (›Prolog zum Fernsehen‹, 1952/1953,

Arbeitsmaterialien für die Regie-Studenten der HFF München). Engagierte Filmemacher haben es in Deutschland schwer. So berichtet der Regisseur Hans Weingartner über die versuchte Einflussnahme auf die Handlung eines mit dem SWR koproduzierten Streifens: „Mitten während der Dreharbeiten hat der Redaktionsleiter versucht mich zu erpressen" (Der Tagesspiegel, 15.09.07, S. 26). Er wurde bedrängt, die Handlung des Filmes ›Die fetten Jahre sind vorbei‹ abzuändern, indem die Hauptakteure nicht straffrei ausgehen. In diesem Fall konnte sich Weingartner aber durchsetzen.

Der mediale Niedergang
Die Schauspielerin Corinna Harfouch sagte im Interview über die TV-Sender: „Ich finde, das ist die Pest, was da passiert. Schauen Sie doch diesen massenhaften Schund an. Diese Kitsch- und Sehnsuchtsvorstellungen von heiler Welt" (Focus 25/07, S. 144).

Geschäftsführer Reiner Wemcken, dessen Firma für die ARD die Daily Soap produziert, weiß: „Jede fünfte Frau unter 30, die zu der Zeit fernsieht, schaut ›Verbotene Liebe‹. Jeden Tag, das ganze Jahr hindurch" (Der Tagesspiegel, 5.09.07, S. 31).

Prof. Manfred Spitzer, ärztlicher Direktor der psychiatrischen Uniklinik in Ulm gibt zu bedenken: „Und den Müttern wird erzählt: Fernsehen stimuliert, und Stimulation macht Synapsen im Gehirn ... Hirne brauchen nicht bunt und laut. Sondern Informationen, die zusammenpassen, ... Die Kinder wissen heute noch nicht mal mehr, wie man ein Zelt aufbaut oder wie man im Freien schlafen kann. Da sind viele Fähigkeiten verloren gegangen, die man vor 20 Jahren noch hatte" (chrismon 02/07, S. 24 und 26). Der Buchautor Remo Largo sagt: „Der durchschnittliche Vater verbringt mit seinem Kind nur 20 Minuten am Tag ... Deshalb suchen sich Kinder ihre Vorbilder im Fernsehen – das ist das Problem, das ich mit dem Fernsehen habe" (chrismon 02/07, S. 27).

Zeiträuber Sportfernsehen
Sport ist Freude an der Bewegung und eine wahre Glücksdroge. Ein Wettkampf, fair und unverbissen, eine Wucht! Vielen Kindern und Jugendlichen hilft Freizeitsport auf dem Weg zu einer allseits gebildeten Persönlichkeit. Dabei werden Ausdauer, Leistungswillen und bei Mannschaftssport auch der Teamgeist trainiert. Sport verliert seine Unschuld, sobald Geld ins Spiel kommt. Sport um des lieben Zasters willens ist die Ursache jeglichen Dopings. Die Seuche Profisport, den Massen effekthaschend über TV dargeboten, ist einer der schlimmsten Zeiträuber der Gegenwart. Millionen passiv sportbegeisterter Zuschauer vergeuden mehrere Jahre ihres Lebens vor der Mattscheibe. Um hochgezüchteten Berufssportlern bei ihrer Arbeit zuzuschauen, wie langweilig! Dabei völlig im Ungewissen, ob hier alles mit rechten Dingen zugeht. Hinter jedem Sieg lauert die Frage: Muss der Sieger seine Goldmedaille in einem halben Jahr wieder zurück geben? Haben ausländische Wettbüros hinter den Kulissen manipuliert? Viele Rekorde sind nicht nur fragwürdig sondern menschenverachtend. Der mörderische Anspruch „höher, schneller, weiter" setzt voraus, dass Hunderttausende ihrer Kindheit und Jugend beraubt werden. Die Gemarterten werden jahrelang beharrlich auf eine bestimmte Übung und Technik abgerichtet wie Zirkustiere. Die für ihre Schützlinge verantwortlichen Trainer haben keine Wahl. Längst zermahlen im Mühlrad der Ansprüche von Sendeanstalten und Sponsoren sowie dem importierten Nervenkitzel für die Zuschauer. Was geht in einem jungen Menschen vor, der von seinem Häscher, pardon Trainer, Runde um Runde zum Rennen angetrieben wird, bis er kotzt? Nur um bei der nächsten Weltmeisterschaft oder bei Olympia der Konkurrenz eine klitzekleine Nasenlänge voraus zu sein? Welche Qualen stecken dahinter, bis junge Boden- und Geräteturner die gestrengen Kampfrichter und das Publikum mit einer perfekten Show begeistern? Oder wie viele Hunderttausende Tennisbälle haben Steffi & Boris stupide abschlagen müssen, bevor sie ihre Siege feiern konnten? Letztere hatten noch Glück, denn viele verlassen die Arena lautlos und ohne Scheinwerferlicht,

weil sich ihre Körper gegen die Anforderungen aufbäumen. Ex-Profis leiden oft dauerhaft an Schmerzen, die sie nur mit Betäubungsmitteln in den Griff bekommen. Für andere bedeutet jede Treppe eine schmerzliche Hürde, weil Knie und Rücken kaputt sind. Profisport bedingt zwangsläufig das Austesten und die ständige Grenzüberschreitung, um die lauernde Konkurrenz zu übertrumpfen. Doping ist da nur die letzte Hässlichkeit, über die in der Öffentlichkeit von Zeit zu Zeit debattiert wird. Thomas Springstein, der einst das Sprintwunder Katrin Krabbe trainierte, sagte: „Es gibt keine Weltmeisterschaften für humane Leichtathletik".

Der Ex-Profiradler Bernhard Kohl, 2008 dritter der Tour de France, hatte 2010 den Mut, seinen Dopinglieferanten vor Gericht der Lüge zu überführen. Im ORF-Abendnachrichten sagte er im Interview: „Doping gehört im Profisport zum Leben dazu wie Essen, Trinken, Schlafen. Wir müssen 3500 Kilometer am Stück fahren und dabei zwei Mal die Höhe des Mont Everest hoch und runter – ohne Blutwäsche und chemische Mittel geht das gar nicht – schon im Amateursport ist Doping weit verbreitet. ... Ich habe etwa 200 Dopingkontrollen hinter mir. Bei 100 (!) hätte ich eigentlich auffliegen müssen, aber nur bei drei wurde ich erwischt. ... Bei der Tour de France 2010 wurde kein einziger Dopingfall bekannt!" (ORF-Nachrichten, 11.08.10).

Auf die weitverbreitete These, dass es bei Fußballspielern nicht sinnvoll wäre zu dopen, hält der Doping-Jäger Richard Pound von der Welt-Anti-Doping-Agentur (WADA) im Stern-Interview entgegen: „Meinen die wirklich, irgendjemand glaubt das? Selbstverständlich kann man sich als Fußballer dopen! Ich kann meine Ausdauer steigern, meine Maximalkraft, meine Regenerationsfähigkeit ..." (Stern Heft 29/2007, S. 137).

Die märchenhaften Einnahmen führen dazu, dass sich Spitzenfunktionäre hierzulande wie Fürsten gebärden und ihre Geldgier keine Grenzen kennt. Da kann es auch vorkommen, dass Wahlen um die Vergabe von internationalen Großveranstaltungen manipuliert werden. Und nur wer sich geräuschlos anpasst, Funktionär oder Aktiver, kann partizipieren. Wer aus dem Nähkästchen plaudert, wird aus der großen Sportfamilie ausgestoßen. Profisport und Gesundheit schließen sich definitiv aus. „Doch beim Sportfan bleibt die Sehnsucht nach dem reinen Talent, nach dem wahren Genie. Das wollen wir bewundern – und Höchstleistungen sehen" (Peter von Becker, Der Tagesspiegel, 10.05.07, S. 1). „Sie werden dastehen ... jubeln. Sie werden die Augen verschließen vor der Wahrheit" (Helmut Schümann, Der Tagesspiegel, 27.05.07, S. 19).

Mit ausufernder Sportberichterstattung kann der Staat seine Bürger beschäftigen. Ein dummes Volk regiert sich besser. George Orwell schrieb dazu 1948: „Aber gleichzeitig lehrte die Partei ... dass die Proles [das Prekariat, d. A.] von Natur aus Menschen zweiter Klasse waren, die mittels Anwendung von ein paar simplen Regeln wie Tiere in Abhängigkeit gehalten werden mussten. ... Sie kamen zur Welt, sie wuchsen in der Gosse auf, sie begannen mit zwölf zu arbeiten, sie durchlebten eine kurze Blüte der körperlichen Schönheit und sexuellen Lust, begannen mit dreißig zu altern und starben größtenteils mit sechzig. Arbeit, die Sorge um Heim und Kinder, ... Kino, Fußball, Bier und Glückspiele steckten ihren Denkhorizont ab" (›1984‹, Ullstein Taschenbuchverlag, 23. Auflage 2002, S. 89).

Brot und Spiele haben sich als Volksdroge schon vor über 2000 Jahren zum Herrschaftserhalt bewährt. Der altrömische Schriftsteller Juvenal schrieb in seinen Satiren: „Schon lange kümmert sich die Menge um nichts", das Volk, einst im Besitz der Macht, „nach zwei Dingen lechzt es nur – nach Brot und Spielen" (Andreas Austilat, Der Tagesspiegel, 25.02.07, S. S7).

Manipulierte Nachrichten
Ein gutes Argument für ausgewählten Fernsehkonsum waren vor dem Internetzeitalter die Nachrichten der Öffentlich-Rechtlichen wie ›Tagesschau‹ oder ›heute‹. Inzwischen haben die deutschen Medien-Verantwortlichen ihre Unschuld verloren: Journalisten haben die verdammte Pflicht, Hintergründen auf den Grund zu gehen, nachzubohren und

wahrheitsgemäß zu berichten. Ansonsten ist man eine Medien- oder Systemhure bzw. ein gewissenloser Hofberichterstatter, der nur seinen Judaslohn kassiert.

Der bayerische Ministerpräsident Horst Seehofer, den man nun wahrlich nicht als Verschwörungstheoretiker bezeichnen kann, hat im ZDF am 20. Mai 2010 geäußert: „Diejenigen die gewählt sind, haben nichts zu entscheiden und diejenigen die entscheiden, sind nicht gewählt" (www.youtube.com/watch?v=f1XJ9v6iV4Q, ab Minute 4:43). Am 21. Mai hätte ein Aufschrei durch alle öffentlich-rechtlichen Medien gehen müssen: Wer regiert uns wirklich? Aber es kam gar nichts!

Moderator Roger Willemsen ist sich sicher: „Es besteht ein ganz grundsätzlicher Vertrauensverlust in das, was Medien sagen. Und deshalb gucken sich die Leute alles wie ein Schmonzette an – selbst die Tagesschau" (Der Tagesspiegel, 6.02.10, S. 30).

„Am 23. Mai habe ich bereits berichtet, wie die Tagesthemen über die Geschehnisse in der Ostukraine komplett lügen. Die ARD-Redaktion behauptete, 10000+ Menschen hätten am 20. Mai für das Regime in Kiew demonstriert und hätten sich im Fussballstadion von Schachtar Donezk versammelt. Dabei war das Stadion leer und nur 300 bezahlte Statisten waren anwesend" (http://alles-schallundrauch.blogspot.de, 29.05.14).

Bereits 1880 offenbarte John Swinton eine fatale Sicht auf die angebliche Pressefreiheit. Der ehemalige Chefredakteur der ›New York Times‹ gab zu Protokoll: „Es gibt so etwas wie eine unabhängige Presse zu dieser Zeit der Weltgeschichte ... nicht. Das Geschäft der Journalisten ist es, die Wahrheit zu zerstören, gerade heraus zu lügen, zu verdrehen, zu verunglimpfen, vor den Füßen des Mammons zu kuschen und sein Land und seine Menschen um sein tägliches Brot zu verkaufen. ... Wir sind die Werkzeuge und Vasallen reicher Menschen hinter der Szene. Wir sind die Marionetten, sie ziehen die Schnüre und wir tanzen. Unsere Talente, unsere Fähigkeiten und unsere Leben sind alle das Eigentum anderer.

Wir sind intellektuelle Prostituierte" (http://de.wikipedia.org/wiki/John_Swinton).

Wer die Zusammenhänge hinter der Presse kennt, erkennt die Drahtzieher hinter den Schlagzeilen. So auch in Deutschland (siehe youtube.com, Die Anstalt, ZDF 29.04.14, Manipulation der Presse).

Es lohnt sich, das Internet regelmäßig nach aktuellen Nachrichten zu durchforsten. Mittlerweile gibt es viele informative Seiten mit Verlinkungen auch auf weitere Quellen von zeitkritischen Bloggern. Selbst die Medienkonzerne sind im Internet wesentlich kritischer als in den Printmedien, so z.B. Welt-Online.

Roger Schawinski, ehemaliger SAT-1-Chef, sagte: „Fernsehen ist Dschungelkampf. Eine mächtige, alles verzehrende Maschine, die Tag und Nacht arbeitet und keinem der Beteiligten Zeit zum Philosophieren lässt. Aber wie verrückt das Ganze ist, das begreifen Sie erst, wenn Sie wieder draußen sind" (Der Tagesspiegel, 22.08.07, S. 27). Der Journalist und Sänger Wiglaf Droste warnt: „Medien ... meiden, wer das nicht beherzigt, bekommt die Dummheit frei Haus an den Hals. Es ist Wesen und Zweck ... die Leuchtfeuer der Klugheit zu verdunkeln ... Aggressiv erweitert wird also jene Nebelzone, in die das klare Licht des Verstandes niemals hineinschaut" (Der Tagesspiegel, 14.01.07, S. 34). In Hans Weingartners Mediensatire ›Free Rainer. Dein Fernseher lügt‹ brüllt der Chef: „Die Zuschauer wollen Titten sehen und wissen, wie man Steuern spart". Moderator Oliver Kalkhofe konstatiert: „Unser Fernsehen ist am Ende. Beim Versuch, es allen recht zu machen, ist das deutsche Fernsehen mit dem Hintern an den Knopf für den Selbstzerstörungsmechanismus gekommen" (Sächsische Zeitung, 5.05.07, S. M2). Wenn TV-Konsum doof, dick und schließlich krank macht, bleibt nur eine Konsequenz: Den Stecker ziehen und das Gerät anschließend fachgerecht als Elektronikschrott entsorgen!

Wozu sind Filme da?
Eine subjektive Filmauswahl mit dem Blick auf die Wirklichkeit, die garantiert keine Zeit stiehlt. Manche Streifen werfen einen kritischen Blick auf die Gesellschaft, in anderen findet man seine alltäglichen Probleme wieder, und wieder andere verleihen der Fantasie Flügel. Der Regisseur Constantin Costa-Gavras, 2008 Jury-Präsident der Berlinale, formulierte es so: „Wozu sind Filme da? Damit wir Gefühle entwickeln. Der Zuschauer soll sich schämen oder traurig sein oder beglückt. Das ist wichtig, denn all unser Handeln basiert auf Gefühlen" (Der Tagesspiegel, 7.02.08, S. 27).

›*Alphabet Angst oder Liebe*‹ (Österreich 2013, Regie: Erwin Wagenhofer)
Nach dem Anschauen dieses Films müsste sich der Großteil aller Lehrer und Pädagogen verschämt aus ihrem „Beruf" zurückziehen und das wäre das Mindeste! Das vernichtende Urteil lautet: Sie haben der jungen Generation all ihre wertvolle angeborene Kreativität und Fähigkeit geraubt und sie in erster Linie zu gefügigen Systemmarionetten und Konsumsklaven „verbildet". Der fürchterliche Befund: 98 Prozent aller Kinder kommen hochbegabt zur Welt. Nach Schule und Universitäten sind es nur noch 2 Prozent. „Unser Wirtschafts- und Gesellschaftssystem wird durch krisenhafte Entwicklungen zunehmend in Frage gestellt, und eine Antwort ist nicht in Sicht. Die politisch und wirtschaftlich Mächtigen wurden zum Großteil an den besten Schulen und Universitäten ausgebildet. Ihre Ratlosigkeit ist deutlich zu spüren, und an die Stelle einer langfristigen Perspektive ist kurzatmiger Aktionismus getreten. Mit erschreckender Deutlichkeit wird nun sichtbar, dass uns die Grenzen unseres Denkens von Kindheit an zu eng gesteckt wurden. Gleich, welche Schule wir besucht haben, wir bewegen uns in Denkmustern, die aus der Frühzeit der Industriealisierung stammen, als es darum ging, die Menschen zu gut funktionierenden Rädchen auszubilden" (Flyer zum Film).
Trailer: www.alphabet-derfilm.at

›*Melancholia*‹ (Dänemark 2011, Regie: Lars von Trier)
„Der Film des Jahres 2011!", so urteilt Filmexperte Knut Elstermann und vergibt bei ›radio eins‹ fünf Filmrollen. Bereits die surrealistischen Filmsequenzen zum Beginn sind ein wahres Kunstwerk. Es ist wie im wahren Leben, eine Katastrophe zieht auf, aber kaum jemand will sie wahrhaben. Wer sich informieren will, wird als Schwarzmaler niedergemacht. Und wer es weiß, schweigt und richtet sich kurz vor dem Knall selbst! Ist Lars von Trier nur ein depressiver Filmemacher?

›*Zorn*‹ (Deutschland 2010, Regie: Dror Zahavi)
Ein Film über das Weggucken und die Zivilcourage des Einzelnen im Alltag. Götz George als Hauptdarsteller sagt im Interview: „Zivilcourage bedeutet für mich auch ... zu widerstehen. Nicht mit ›BILD‹ zu sprechen, ist für mich eine Form der Zivilcourage. Weil es bedeutet, dass man bewusst Nachteile in Kauf nimmt. Zivilcourage zeigen heißt, sich der Konsequenzen bewusst zu sein und sie in Kauf zu nehmen ... und vergessen Sie eines nicht: Zivilcourage befriedigt. Wenn man sich selbst überwunden hat, dann bekommt man als Belohnung ein ganz anderes Selbstwertgefühl" (Der Tagesspiegel, 17.01.10, S. 30). Der Buchhändler Peter Jordan zeigt im Berliner Kiez Kreuzberg, was es heißt, sich brutalen Jugendlichen in den Weg zu stellen.

›*Herbstgold*‹ (Deutschland 2010, Regie: Jan Tenhaven)
Das Motto der über 80jährigen heißt: Kopfstand statt Ruhestand. Die aktiven Hauptdarsteller sind Ilse aus Kiel, die 85jährige Kugelstoßerin, der 100jährige Wiener Diskuswerfer Alfred, der 82jährige tschechische Hochspringer Jiří sowie der 93jährige Schwede Herbert. Sie eint der starke Wille, die Qualifikation für die Seniorenweltmeisterschaften zu erreichen. Dieser Film macht Mut für das Älterwerden!

›Bal/Honig‹ (Türkei/Deutschland 2010, Regie: Semih Kaplanoğlu)
Der Imker Yakup erntet den Honig noch so wie seine Vorfahren – die Bienenkörbe werden hoch in die Bäume gehangen. Die Naturaufnahmen in den uralten Laubwäldern der Schwarzmeerregion Rize erscheinen wie aus einer fernen Welt. Yusuf lernt an der Seite seines flüsternden Vaters eine Sprache, die er in der Schule nicht findet. Die Idylle trübt sich ein, als der Vater auch nach Tagen von einem Alleingang ins Gebirge nicht heimkehrt.

›Plastic planet‹ (Österreich 2009, Regie: Werner Boote)
Werbung zum Film: Wenn Sie diesen Film gesehen haben, werden Sie nie wieder aus einer Plastikflasche trinken! Forschungsergebnisse belegen, dass ausdünstende Kunststoffe mehr oder weniger in den menschlichen Hormonhaushalt eingreifen. Bereits das Trinken aus der Plastikflasche beinflusst den Organismus. Jeder Mitteleuropäer hat Plastik-Substanzen wie Bisphenol A, Phtalate und Flammschutzmittel im Blutplasma. Die chemische Zusammensetzung der rund 12000 verwendeten Kunststoffe ist ein Firmengeheimnis und die Wissenschaft kommt mit dem Erforschen der Nebenwirkungen nicht nach: 700 Forschungsberichte brachten besorgniserregende Ergebnisse zutage, die der Allgemeinheit wohl nicht bekannt sind. Zur spielerischen Demonstration bittet Werner Boote mehrere Familien, alles Plastik aus ihrer Wohnung auf die Straße zu tragen. Berge von Kunstoff türmen sich vor dem Betrachter auf.

›Zeiten des Aufruhrs‹ (USA/Großbritannien 2008, Regie: Sam Mendes)
Ein junges Paar ist auf der Suche nach einem freien Leben ohne Kompromisse. Mit Ambitionen und Plänen im Kopf, versuchen beide der prüden Gesellschaft der 1950er zu entkommen. Als die Frau schwanger wird, ziehen sie in die ländliche Idylle und stellen bald fest: Genau dieses Leben hassen wir. Sie beschließen nach Paris zu ziehen. Aber zum Koffer- und Möbelpacken wird es nie kommen. Stattdessen

verlässt Frank in Anzug, Hut und Mantel täglich sein Häuschen in der Vorstadt und verschmilzt am Bahnhaltepunkt mit den gleichen Gestalten, einer stumpfsinnigen Masse, die zum Job in die City gebracht wird – hier gibt es deutliche Parallelen zu Fritz Lang's düsterem Meisterwerk ›Metropolis‹. „Makellose Oberflächen, Frisuren und Kleider charakterisieren die Welt der Frauen, gähnende Leere und das ängstliche Bemühen, die Depression in den Augen der anderen nicht zu entdecken" (Daniela Sannwald, Der Tagesspiegel, 15.01.09, S. 27.) Wer nach ›Titanic‹ dachte, Kate Winslet ist für immer festgelegt, wird in diesem Meisterwerk eines Besseren belehrt: Winslet ist zu einer bewundernswerten Charakterdarstellerin gereift.

›Die Welle‹ (Deutschland 2008, Regie: Dennis Gansel)
Der Film basiert auf dem gleichnamigen amerikanischen Roman von 1981, inzwischen ein Schullektüre-Klassiker. Während der Projektwoche ‚Autokratie' will ein Lehrer seinen Schülern beweisen, wie leicht es auch heute noch ist, den Gedanken und Zielen einer Diktatur zu verfallen. Dazu bedarf es wenig: Einer charismatischen Führungsfigur, einer Uniform, einem Symbol, etwas diziplinierende Gewalt und gemeinsame Ziele.

›Let's make money‹ (Österreich 2008, Regie: Erwin Wagenhofer)
Privatisierung leitet sich vom lateinischen Verb privare ab und wird ins Deutsche mit „berauben, enteignen, wegnehmen" übersetzt. Wenn sich Geld irgendwo auf dieser Welt auf scheinbar unerklärliche Weise vermehrt, heißt das in Wahrheit, dass sich die Kapitalanleger bereichern – und anderen etwas weggenommen werden muss. Auf dieser Logik basiert diese Dokumentation. Wagenhofer hält uns ein äußerst aggressives Wirtschafts- und Finanzsystem vor Augen, dass sich jeglicher Kontrolle entzogen hat. „Wenn die Politik ohnmächtig bleibt angesichts einer von den sozialen (oder ökologischen) Folgen und der realen Wertschöpfung abgekoppelten Investmentgesellschaft, dann droht der vom

Geld regierten Welt der Kollaps. Das ist die Botschaft des Films und die ist natürlich nicht neu. Doch am Ende sagt Hermann Scheer im Reichstag: ‚Wenn wir so weitermachen, dann kommen neue Selektionsmechanismen'. Es werde in den Verteilungskämpfen wertvolle und weniger wertvolle Menschen geben. ‚... und dann beginnt ein neues Zeitalter der Barbarei" (Peter von Becker, Der Tagesspiegel, 12.10.08, S. 25).

„... In Singapur ist Dr. Mark Mobius unterwegs, der Präsident von Templeton Emerging Markets. Er erklärt noch einmal wie man zu Geld kommt: ‚Es gab einen berühmten Ausspruch, dass die beste Zeit zu kaufen ist, wenn das Blut auf den Straßen klebt.' (Filmprospekt Die Zusammenhänge – Let's make money). Der Logik des Films entsprechend, ist der Niedergang von Griechenland kein Zufall sondern hat System.

Die Bilder aus Afrika gehen einem nicht mehr aus dem Kopf: Dort beuten internationale Konzerne Bodenschätze aus und fliegen diese in den Westen aus. Der Verteilungsschlüssel: 97 Prozent für die Kapitalgeber und 3 Prozent für die Afrikaner. In Burkina Faso wird die hochwertigste Baumwolle der Welt zu niedrigsten Kosten angebaut. Die Arbeiter verdienen dennoch nur 50 Euro – im Jahr! Der Rohstoff darf nicht in Afrika weiterverarbeitet werden. Von der lukrativen Wertschöpfungskette wird der schwarze Kontinent ferngehalten. Um die Afrikaner gefügig zu halten, werden sie erst in den Schuldendienst gelockt und dann ausgequetscht. Der Zuschauer ahnt es: Diese Krise ist noch lange nicht vorbei.

›*Kleine Tricks*‹ (Polen 2007, Regie: Andrzej Jakimowski)
Ein No-Budget-Film mit einer scheinbar harmlosen Kindergeschichte. Und doch sind die kleinen Tricks ein wunderbarer Glücksfall fürs Publikum. Damit gelingt es nämlich dem kleinen Stefek, dessen Vater vor Jahren mit einer anderen Frau durchgebrannt war, ihn wieder für sich, seine Schwester und die Mutter zurück zu gewinnen.

›Leergut‹ (Tschechien 2007, Regie: Jan Svěrák)
Das Ehepaar Weberknecht ist seit 39 Jahren verheiratet. Sie sind nicht unglücklich miteinander, aber jeder lebt in seiner eigenen kleinen Welt. Der Mittsechziger Josef arbeitet als Lehrer, ist den nervtötenden Schülern aber nicht mehr gewachsen und hängt seinen Beruf an den Nagel. Zuhause rumsitzen will er nicht, zumal ihn jetzt eine verzögerte Midlife-Crisis erwischt hat. Da kommt ihm die angebotene Aushilfsstelle am Leergutschalter eines Supermarktes gerade recht: Ähnlich wie Amélie in Paris, kümmert sich Josef in Prag um das Glück anderer, ohne an sein eigenes zu denken. Ein wehmütig-komischer Film mit ehrlichen Dialogen über die Liebe und neue Chancen des Alters.

›Kirschblüten Hanami‹ (Deutschland 2007, Regie: Doris Dörrie)
Ein Meisterwerk der einzigen deutschen Filmemacherin von Rang. Das Alter und die Vergänglichkeit des Lebens werden dargestellt, ohne je ins kitschig-sentimentale abzugleiten. Rudi ist todkrank, weiß es aber nicht. Seine Frau Trudi behält das Gespräch beim Arzt für sich und überredet stattdessen Rudi zu einer Reise zu den Kindern nach Berlin. Die aber wissen mit den Alten aus dem provinziellen Bayern nichts anzufangen, es mangelt ihnen nicht nur permanent an Zeit, sondern auch an Gesprächsthemen. Die Eltern spüren ein Unbehagen und gönnen sich noch einige Tage stiller Zweisamkeit an der Ostsee. Ironie des Schicksals: Hier stirbt Trudi im Schlaf. Nach dem ersten Schock fasst der Witwer einen Entschluss. Er möchte die langgehegten Träume seiner Frau ausleben und reist ins ferne Japan, wo soeben die Kirschen blühen, im Fernen Osten das Symbol für die Momente des Glücks und die Flüchtigkeit des Seins ...

›Ein fliehendes Pferd‹ (Deutschland 2007, Regie: Rainer Kaufmann)
Das Ehepaar Helmut & Sabine, beide mittleren Alters, verbringt den Sommerurlaub wie jedes Jahr am Bodensee. Am

Strand treffen sie unverhofft Jugendfreund Klaus, der sich wie eine Klette an sie heftet. Seine junge und attraktive Freundin Helene weckt in Helmut verschüttete sexuelle Begierden. Provokativ versucht Klaus, Helmut aus der Reserve zu locken und stiftet dadurch Verwirrungen ungeahnten Ausmaßes. Eine realistisch-beängstigende Paarstudie.

›*Am Ende kommen Touristen*‹ (Deutschland 2007, Regie: Robert Thalheim)
Sven, ein 19jähriger Berliner, will zum Zivildienst nach Amsterdam, landet aber im polnischen Oswiecim, dem einstigen Auschwitz. Er soll hier die den starrköpfigen ehemaligen KZ-Häftling Krzeminski betreuen. Anfangs mit der neuen Situation, der unbekannten Sprache und den polnischen Befindlichkeiten völlig überfordert, wächst Sven an seinen Aufgaben. Er verliebt sich in die Dolmetscherin Ania und lernt das Alltagsleben neben der KZ-Gedenkstätte kennen. Als Ania nach Brüssel fährt, um dort zu arbeiten, will auch er nur noch weg. Ein sensibler Film über die Träume junger Menschen und die Auseinandersetzung mit der deutsch-polnischen Geschichte.

›*Winterreise*‹ (Deutschland 2007, Regie: Hans Steinbichler)
Der manisch-depressive Kleinunternehmer Brenninger ist ein Kerl aus besonderem Holz. Aggressiv, stimmgewaltig und pleite. Er geht einem afrikanischen Betrügerkreis auf den Leim und verliert auch noch die vom Sohn geliehenen 50 000 Euro. Zusammen mit einer jungen Dolmetscherin fährt er nach Kenia, um die Betrüger zu suchen: Wuchtig, traurig, beklemmend und ein überraschendes Ende.

›*Die Band von Nebenan*‹ (Israel, Frankreich 2007, Regie: Eran Kolirin)
Eine kleine ägyptische Polizeikapelle soll bei der Einweihung eines arabischen Kulturzentrums in Israel aufspielen. Doch man hat vergessen, sie am Flughafen abzuholen, und ihre Musikerehre gebietet es ihnen, sich allein durchzuschlagen. Die illustre Truppe landet durch die Verkettung unglücklicher

Umstände schließlich in einem tristen Städtchen mitten in der israelischen Wüste. Dort findet sie zwar kein arabisches Kulturzentrum, dafür aber echte Gastfreundschaft und Herzlichkeit der Bewohner. Ein Film voller Wärme, Weisheit und Humor, ein Plädoyer für die Menschlichkeit, für Völkerverständigung über alle politischen und kulturellen Grenzen hinweg.

›*Schmetterling und Taucherglocke*‹ (Frankreich/USA 2007, Regie: Julian Schnabel)
1995 erleidet der 43jährige Jean-Dominique Bauby, Chefredakteur der ›Elle‹, einen Gehirnschlag und ist fast vollständig gelähmt. Er kann nur noch mit einem Auge blinzeln. Er nutzt diese letzte ihm verbliebene Chance zur Kommunikation mit der Außenwelt. Ein spezieller Buchstabencode seiner Logopädin ermöglicht es ihm, seine Gedanken und Gefühle in einem Buch niederzuschreiben. Ein Film, der uns das Leben und die kleinen Glücksmomente schätzen lehrt. Unendlich traurig und manchmal trotz der ausweglosen Lage urkomisch.

›*Shoppen*‹ (Deutschland 2006, Regie: Ralf Westhoff)
18 Singles, paarungswillige Frauen und Männer, treffen bei einem Speed-Dating zusammen. Jeder darf fünf Minuten mit jedem sprechen, um sich als potentieller Partner optimal zu verkaufen. Ein ehrlicher, rasanter und komischer Streifen über die Illusion und die Schwierigkeiten, die einzig wahre Liebe zu finden.

›*Little Miss Suneshine*‹ (USA 2006, Regie: Valerie und Jonathan Faris)
Opa greift zum Heroin, die resignierte Mutter stellt jeden Abend nur einen Pappeimer mit Hühnerkeulen auf den Küchentisch. Der Sohn nervt mit seinem auferlegten Schweigegelübde, der Schwager ist latent selbstmordgefährdet. Pummelchen Olive ist der Sonnenschein der chaotischen Großfamilie. Als die Siebenjährige unverhofft zu einem Schönheitswettbewerb nach Kalifornien eingeladen

wird, macht sich die Familie in einem alterschwachen VW-Bulli auf die weite Reise und räumt alle Hindernisse aus dem Weg. Wer bislang meinte, US-Filmemacher haben ihre beste Zeit hinter sich, darf nun wieder Hoffnung schöpfen. Komisch, rasant-unterhaltsam, melancholisch und überraschend zugleich, ohne in Kitsch abzudriften.

›*Adams Äpfel*‹ (Dänemark 2006, Regie: Anders Thomas Jensen)
Rabenschwarze Komödie über einen Dorfpfarrer, der eine Alkoholikerin, einen Triebtäter und einen Tankstellenserienräuber resozialisieren will. Die Situation eskaliert, als der Neonazi Adam zur Therapiegruppe dazustößt. Adam erhält die Aufgabe, einen Apfelkuchen zu backen und gerät über ziemlich gewalttätige Umwege doch noch zum Gutmenschen.

›*Der große Ausverkauf*‹ (Deutschland 2006, Regie: Florian Opitz)
Mit persönlichen Dingen kann man tun und lassen was man will. Was aber, wenn ehemals kommunales oder Staatseigentum, auf dessen Funktionieren jeder Bürger einen Anspruch hat, in Privathand gelangen? Privatisierung ist der schleichende Rückzug der Gesellschaft aus der gemeinsamen Verantwortung. Der Dokumentarfilm geht diesen drängenden Fragen auf vier Kontinenten nach.

›*Netto*‹ (Deutschland 2005, Regie: Robert Thalheim)
Meist lernen Kinder von ihren Eltern, hier ist es umgekehrt. Der Berliner Marcel ist arbeitslos und lässt sich gehen, gelegentlich träumt er davon, sich als Personenschützer zu bewerben. Erst mit Hilfe seines 15jährigen Sohnes gelingt es ihm, wieder eine gewisse Ordnung in sein Leben zu bringen. Eine witzig-melancholische Milieustudie des modernen Prekariats, gedreht mit wackliger Handkamera, was die Authentizität noch steigert.

›Snowcake‹ (Großbritannien/Kanada 2005, Regie: Marc Evans)
Der Engländer und Eigenbrödler Alex fährt im Mietwagen Richtung Winnipeg. In einer Raststätte setzt sich die aufgeweckte Vivienne an seinen Tisch und sucht das Gespräch, doch Alex blockt ab. Es gelingt der jungen Tramperin doch noch, bei Alex auf dem Beifahrersitz zu landen, wenig später ereignet sich ein Unfall, den nur Alex überlebt. Er fährt zu Viviennes Mutter Linda, welche die Todesnachricht nicht sichtbar berührt, denn sie ist Autistin. Alex bleibt für einige Tage, nach und nach erschließt sich ihm eine unbekannte Welt.

›We feed the world‹ (Österreich 2005, Regie: Erwin Wagenhofer)
Tatort Wien: Täglich wirft man in der österreichischen Hauptstadt soviel Brot weg, wie in Graz verbraucht wird. Wagenhofer beleuchtet den alltäglichen Wahnsinn der Globalisierung in Afrika, Europa und Südamerika. Leidtragende und Gewinner kommen gleichermaßen zu Wort. Die EU-Subventionspolitik steht ebenso am Pranger, wie der amerikanische Saatgutmulti Pioneer, der in Rumänien teures Hybridsaatgut unter die Leute bringen will und damit die traditionellen Strukturen zerstört. Sie essen gern Hähnchenfleisch aus der Massentierhaltung? Nach diesen 95 Minuten könnte Ihnen der Appetit darauf für immer vergangen sein ...

›Der ewige Gärtner‹ (USA 2005, Regie: Fernando Meirelles)
Der Diplomat Justin Quayle lernt nach einem seiner Vorträge die junge lebenslustige Tessa kennen. Sie heiraten und reisen nach Kenia. Währenddessen sich der gutgläubige Justin neben dem Diplomatendienst dem Garten am Haus widmet, engagiert sich seine Frau in der Entwicklungshilfe. Auf einer Forschungsreise mit einem Kollegen wird die schwangere Tessa ermordet. Die britische Diplomatie zeigt sich an der Aufklärung des Falls wenig interessiert. Als Quayle erfährt, dass Tessa auch Beweise für illegale Medikamententests eines

westlichen Pharmakonzerns in Kenia sammelte, heftet er sich an ihre Spuren und wird so selbst zum Gejagten. Eine fiktive Geschichte, aber die Realität ist grausamer. Le Carré hat das Buch verfasst, auf dem dieser Film basiert. Er meinte, dass sein Roman, gemessen an der Wirklichkeit, so harmlos sei wie eine Urlaubspostkarte.

›*Die fetten Jahre sind vorbei*‹ (Deutschland 2004, Regie: Hans Weingartner)
Ein Rebellentrio bekämpft den Kapitalismus an einer empfindlichen Stelle: Das private Sicherheitsgefühl. Sie steigen ein in die Villen, stellen die Ordnung auf den Kopf, ohne etwas zu stehlen und hinterlassen kluge Botschaften auf Zetteln. Von einem Besitzer auf frischer Tat ertappt, werden sie zu Kidnappern. In eine abgelegenen Berghütte geflüchtet, kommen sich Entführer und Entführter langsam näher und ein Happy end scheint zum Greifen nahe ...

›*Gegen die Wand*‹ (Deutschland/Türkei 2004 , Regie: Fatih Akin)
Die attraktive Türkin Sibel geht eine Scheinehe mit dem depressiven und gewalttätigen Cahit ein, um endlich die moralischen Fesseln des konservativen Elternhauses abzuschütteln. Die beiden teilen sich eine Wohnung, gehen aber eigene Wege. Sibel will ihr junges Leben und die neue Freiheit auskosten, was im Ausruf: „Ich will leben, ich will tanzen, ich will ficken" gipfelt. Ganz allmählich entwickelt sich zwischen beiden doch Zuneigung und die Karten in diesem gefährlichen Spiel werden neu gemischt. Der Film vermittelt realistische Einblicke in die türkische Seele.

›*Eine Hochzeit und andere Kuriositäten - Wesele*‹ (Polen 2004, Regie: Wojciech Smarzowski)
Kaśka und Janusz feiern ihre Vermählung. Der Brautvater möchte seiner Tochter den schönsten Tag des Lebens bescheren. Dafür setzt er alles auf eine Karte. Das Hochzeitsgeschenk ist ein geklauter Audi. Doch die Kapelle weigert sich zu spielen, das Essen ist eine Katastrophe und als

ob dies nicht schon reichte, lässt sich auch noch der wahre Geliebte der Braut blicken. Scheinbar stehen in der polnischen Dorfidylle Geld, Korruption und Gewalt auf der Tagesordnung – zumindest bei den Neureichen. Lassen Sie sich diese verrückt-schwarze Komödie nicht entgehen!

›*Lichter*‹ (Deutschland 2003, Regie: Hans-Cristian Schmid)
Schlepper, Schmuggler und Versager: Kopflos versucht Ingo, sein Matratzenlager in Frankfurt (Oder) vor der Pleite zu retten. Am polnischen Oderufer gerät Kolja aus Kiew in die Fänge der Grenzbeamten. Sonja arbeitet als Dolmetscherin beim Bundesgrenzschutz und hilft dem Bedrängten bei seiner Flucht gen Westen. Der polnische Taxifahrer bestiehlt das ukrainische Pärchen, um das Konfirmandenkleid für seine Tochter kaufen zu können. Mit der Handkamera werden an der deutschen Ostgrenze einfühlsame Momentaufnahmen von großer Kraft eingefangen. Auch wenn sich die EU-Mauer inzwischen ostwärts an die Ukraine und nach Weißrussland verschoben hat, die Probleme zwischen vermeintlich reicher und ärmerer Seite bleiben.

›*Verrückt nach Paris*‹ (Deutschland 2002, Regie: Pago Balke und Eike Besuden)
Drei Behinderte verdünnisieren sich aus dem Heim, es kommt zu einer skurrilen Verfolgungsjagd mit ihrem Betreuer. Anfangs hatten die drei nur einen lustigen Tagesausflug mit der Bahn anvisiert, dann aber verpassen sie die Rückfahrt und landen im Nachtzug nach Paris. In der Seinemetropole erwacht die pure Lebenslust. Hier werden die Ausreißer zwar aufgespürt, aber die unerwartete Ortsveränderung führt bei allen Beteiligten zu neuen Einsichten. Dieser Film zeigt eindrucksvoll und authentisch, dass „die volle Packung Leben" auch mit einer Behinderung möglich ist.

›*Die fabelhafte Welt der Amélie*‹ (Frankreich 2001, Regie: Jean-Pierre Jeunet)
Die schüchterne Amélie Poulain wird von ihren Eltern vernachlässigt, ihre Kindheit verbrachte sie ohne

Spielgefährten. So lebt sie auch als junge Frau in ihrer eigenen Traumwelt. Sie sieht Dinge, die andere nicht sehen. Alles ändert sich, als Amélie in ihrer Wohnung eine vergessene Spielzeugdose findet. Sie fasst den Beschluss, den jetzt etwa 50jährigen Besitzer zu suchen, ohne selbst in Erscheinung zu treten. Der Beschenkte ist wie die vielen anderen nach ihm tief bewegt. An ihr eigenes Glück denkt Amélie erst, als sie sich in den Sammler weggeworfener Passbilder verliebt. Ein zauberhafter Film, ohne den die Welt ein wenig ärmer wäre. Auch nach mehrmaligem Anschauen entdeckt man immer wieder neue Feinheiten.

›Nachtgestalten‹ (Deutschland 1999, Regie: Andreas Dresen)
Ein Pennerpärchen findet einen 100-DM-Schein und möchte eine Nacht im Hotel verbringen, die junge Frau entpuppt sich als die am eindringlichsten Fluchende in der deutschen Filmgeschichte. Ein Geschäftsmann findet auf dem Flughafen ein kleinen dunkelhäutigen Jungen, der nicht von seinem Vater abgeholt wurde. Ein Bauer sucht in der Großstadt nach einer Frau und bändelt mit einer jungen drogensüchtigen Prostituierten an, die ihn beklaut. Ein sehr detailreicher Blick auf die vielen Wunden unserer Gesellschaft, der eine ganze Nacht andauert.

›Der grüne Planet – Besuch aus dem All‹ (Frankreich 1996, Regie: Coline Serreau)
„Der grüne Planet ist eine gesellschaftskritische Science-Fiction-Komödie [mit einigen dramaturgischen Schwächen und Übersetzungspannen in der deutschen Fassung, d. A.], die die negativen Seiten des heutigen Lebensstils der Menschen beleuchtet. Der Film zeigt auf lustige Art und Weise wie man sein Leben besser gestalten und in Einklang mit der Natur leben kann. ... Der grüne Planet wird nur selten im Free-TV gesendet (vermutlich aufgrund seiner Brisanz). 2009 bis Anfang 2014 war die deutsche Version des Filmes in voller Länge auf Youtube verfügbar" (http://secret-wiki.de). Derzeit kann man nur die französische Version als DVD erwerben.

›*Schtonk!*‹ (Deutschland 1992, Regie: Helmut Dietl)
Erst als der erfolglose Kunsthändler Fritz Knobel auf nationalsozialistischen Kitsch umsattelt, rollt endlich der Rubel. Zuerst probiert sich Knobel an einem Akt von Eva Braun, angeblich vom Führer gemalt. Durch den Erfolg mutiger geworden, ersinnt Knobel 60 fantastische Tagebücher des Führers mit frei erfundenen Geschichtchen und Interna, wie z.B. zu den Olympischen Sommerspielen 1936: „Hoffentlich bekomme ich für Eva noch Karten!"

1983 witterten die Verleger des Hamburger Magazins ›Stern‹ die ganz große Story: Man glaubte sich im Besitz der angeblichen Hitlertagebücher. Der witzig inszenierte Film lässt den Zuschauer eintauchen in das gierig-schmierige Mediengeschäft, wenn wieder mal eine Sensation in der Luft liegt.

›*Das deutsche Kettensägenmassaker*‹ (Deutschland 1990, Regie: Christoph Schlingensief)
Eine filmische Abrechnung mit der deutschen Wiedervereinigung als wuchtiger Klamauk. Am 3. Oktober 1990 jubeln die Massen während der Einheitsfeier vor dem Berliner Reichstag. Die Bundesregierung ist angetreten. Alle singen zusammen: Einigkeit und Recht und Freiheit! Plötzlich sind wir im Osten, in der Heldenstadt Leipzig. Von hier brechen junge Menschen auf, um ihr Glück jenseits der Elbe zu suchen. „Aber willkommen sind die Ossis nur als Lebendfleisch. Ein Schlag auf den Kopf, anschließend geht es zur Weiterverarbeitung in den Wurstkeller. ... Die Ossis betteln und barmen: ‚Wir kommen von drieben, wir kommen in friedlicher Absicht!'. Einer taumelt verletzt durch die Verliese und schreit nach einem Vopo. Aber die Wessis kennen keine Gnade. Sie schlachten und zerstückeln, wo es doch um die Einheit gehen müsste" (Christian Schröder, Der Tagesspiegel, 3.10.10, S. 25).

›*Der mit dem Wolf tanzt*‹ (USA 1990, Regie: Kevin Costner)
Mit diesem Überraschungserfolg bewies Regisseur und Hauptdarsteller Kevin Costner, das neue Westernfilme eine Zukunft haben. In einem verlassenen Außenposten richtet sich der Nordstaatenoffizier John Dunbar häuslich ein. Zuerst schließt er Freundschaft mit einem Wolf, später mit den Indianern. Wie schon zwei Jahrzehnte zuvor der Film ›Little big man‹, zeigt auch Costners Werk den Vernichtungsfeldzug der Weißen gegen die alteingesessenen Ureinwohner in grausamen und bildgewaltigen Szenen.

›*Coming Home – Sie kehren heim*‹ *(USA 1977, Regie: Hal Ashby)*
Der junge Offizier Bob Hyde zieht in den Vietnamkrieg. Seine Frau Sally arbeitet in einem Militärlazarett, wo sie auch Luke betreut, der aus Vietnam ohne Beine heimkehrte. Luke reagiert anfangs abweisend-aggressiv, doch mit der Zeit entwickelt sich eine zarte Liebe und Sally beginnt, sich über die verlogene Politik der US-Regierung Gedanken zu machen. Auch vierzig Jahre nach dem Dreh hat der Film (mit Popsongs aus den 1960er Jahren) nichts an Aktualität eingebüßt. Jetzt kommen die GI's eben nur aus Afghanistan und dem Irak nach Hause ...

›*Die verlorene Ehre der Katharina Blum*‹ (Deutschland 1975, Regie: Volker Schlöndorff und Margarethe von Trotta)
Eine junge Frau gerät durch eine Affäre in das Fadenkreuz der Sicherheitskräfte und Sensationspresse. Katharina wird am Morgen in ihrer Wohnung von einem Spezialkommando aufgeschreckt. Sie hat keine Ahnung, dass sie die letzte Nacht mit einem Anarchisten und Bundeswehrdeserteur verbrachte, der sich inzwischen aus dem Staub gemacht hat. Für Katharina beginnt ein Leidensweg: Sie wird von allen Beteiligten wie eine Verbrecherin behandelt und gerät in die Mühlräder der Sensationspresse. Die überregionale ›ZEITUNG‹ stempelt die Unschuldige zum Anarchisten-Liebchen ab und heizt die Schmutzkampagne mit täglichen neuen Lügen und

Halbwahrheiten aus ihrem Privatleben an. In der aktuellen Debatte um die Bekämpfung des Terrorismus und des fortwährenden Versuchs der Einschränkung persönlicher Grundrechte ein beklemmendes Filmereignis, welches aufgezeigt, wie Gewalt entsteht und wohin sie führen kann.

›*Die drei Tage des Condor*‹ (USA 1974, Regie: Sidney Pollack)
Ein kleiner CIA-Mitarbeiter ist durch Zufall einer „ganz großen Sache" auf die Spur gekommen. Der Führungszirkel des Geheimdienstes beschließt die Liquidierung des ganzen Teams – kaltblütig werden die eigenen Leute exekutiert. Joseph Turner (brillant dargestellt von Robert Redford) entgeht nur deshalb dem Massaker, weil er das Mittagessen für seine Kollegen holt. Eine rasante Verfolgungsjagd beginnt. Schon vor fast 40 Jahren hat Sidney Pollack vor Augen geführt, dass in den USA notfalls auch die eigenen Bürger abgemurkst werden müssen.

›*Alice in den Städten*‹ (Deutschland 1973, Regie: Wim Wenders)
Ein erfolgloser Journalist will aus den USA nach Deutschland zurückkehren und kommt auf dem Flughafen einer Frau und ihrer Tochter näher. Als die Mutter nicht zum vereinbarten Termin erscheint, fliegen der Gescheiterte und das Mädchen allein in die Heimat. Hier machen sich beide auf die Suche nach den Großeltern des Kindes. Aus anfänglichem Pflichtgefühl, manchmal scheint das Mädchen sogar lästig, entwickelt sich langsam gegenseitige Zuneigung, ähnlich einer Vater-Tochter-Beziehung. Eines der Erstlingswerke des bekannten Filmemachers in beeindruckenden Schwarzweißbildern.

›*Karla*‹ (DDR 1965, Regie: Hermann Zschoche)
Ein Film, der in der DDR kurz vor seiner Premiere verboten wurde: Mit großen Hoffnungen tritt eine Junglehrerin in einer Kleinstadt ihren Dienst an. Sie will nicht nur Wissen vermitteln, sondern die Kinder auch zu selbstständigem

Denken anregen. Doch ihre Ideale stoßen in der Lehrerschaft auf Unverständnis, was sich bei Karla zu einer persönlichen und beruflichen Krise auswächst.

›*Schloss Gripsholm*‹ (Deutschland 1963, Regie: Kurt Hoffmann)
Wer sagt, dass deutsche Komödien doof sein müssen? Dieser Film nach dem Buch von Kurt Tucholsky, die Handlung wird in die Wirtschaftswunderjahre der Bundesrepublik katapultiert, ist der Gegenbeweis! Feinsinnige Dialoge, Witz und Esprit sowie eine entzückende Hauptdarstellerin Jana Brejchová, begleitet von Walter Giller und Nadja Tiller machen die sommerliche Ferienreise nach Schweden zum Erlebnis.

Glücksdroge II: Lesen macht schlauer

„Der Vorteil der Klugheit besteht darin, dass man sich dumm stellen kann. Andersherum wäre es schwieriger" (Kurt Tucholsky)

„Lesen Sie, dann kommt das Glück zu Ihnen", lautet einer der Sprüche in chinesischen Glückskeksen. Im Unterschied zur Glotze bedeutet Lesen nie verlorene Zeit, denn es fördert die Fantasie und hat sich als geistiger Jungbrunnen bei Jung und Alt bewährt, vorausgesetzt man wählt die richtige Lektüre.

Das digitale unzensierte Nachrichtenangebot über das Internet ist mittlerweile so umfangreich und vielfältig, dass man sich die Tageszeitung sparen kann. Manchmal ist der Blick des auf Papier Gedruckten aber aufschlussreich: Vieles wird nur kurz angerissen, aus anderer Perspektive betrachtet oder verschwiegen, mitunter wird sogar dreist gelogen.

Autor und Moderator Hajo Schumacher sagt: „Tageszeitungen, Fernsehen und Radio dienen der Kanzlerin als treudoofe Trottmasse, ... es werden regierungsamtliche Hülsen verblasen, ..." (Der Tagesspiegel, 3.01.10, S. 31).

Große Defizite treten bei allen Zeitungen in den regionalen Nachrichten und Berichten auf. Journalisten, Politiker und Wirtschaftsbosse kennen sich hier meist persönlich, man ist aufeinander angewiesen. So bleibt der Lokaljournalismus zumeist auf dem Niveau einer Hofberichterstattung kleben. Ein allzu kritischer Journalist wird schnell als „Nestbeschmutzer" verunglimpft und mit einem Bann belegt. Darunter kranken besonders die regionalen Tageszeitungen, einige mit dem spöttischen Untertitel „Überparteilich und unabhängig". Vor Jahrzehnten hat der damalige Bundeskanzler Willy Brandt die Zunft der Schreiberlinge als „Randfiguren der Holzindustrie" bezeichnet. Dr. Hajo Schumacher setzte jüngst noch eins drauf: „Journalist ist das Gegenteil von denkender Mensch" (Donnerstagskommentar, ›radio eins‹, 24.11.11).

Die Literaturpreisinflation
Nicht viel besser sieht es im öffentlichkeitswirksamen deutschen Literaturbetrieb aus: „Die Literaturpreisinflation erfüllt allein ökonomische Zwecke ... wo sich ein Autor oder eine Autorin mit einem oder zwei veröffentlichten Büchern schon dumm anstellen muss, um keinen Preis zu bekommen ... pro Tag mindestens zwei, die Zahlen schwanken zwischen achthundert und bis über tausend im Jahr, ... der deutsche Buchpreis garantiert kurzfristig allerhöchste Aufmerksamkeitswerte und Chartnotierungen ..." (Gerrit Bartels, Der Tagesspiegel, 2.12.07, S. 32). Die zahlreichen exzellenten Log- und Schwarzbücher von Dietmar Wischmeyer erscheinen schon seit Jahren, sind aber bisher nur in Insiderkreisen bekannt, obwohl es dem Autor bestens gelingt, die Befindlichkeiten im deutschen Alltag sarkastisch und treffsicher zu analysieren. Da schwant einem Fürchterliches: Die Bestsellerlisten sind angefüllt mit banaler Lektüre für die von Wischmeyer aufs Korn genommenen Bekloppten und Bescheuerten. Um sich den Massen anzubiedern, fallen heute alle Grenzen des guten Geschmacks: „Mit dem Finger kurz in die Muschi getunkt und etwas Schleim hinters Ohrläppchen getupft und verrieben. Wirkt schon beim Begrüßungsküsschen Wunder", erläutert Charlotte Roche in ihrem Bestseller ›Feuchtgebiete‹, erschienen im traditionsreichen DuMont Verlag Köln. 2008 stieg Roche zum Mega-Star auf der Leipziger Buchmesse auf, innerhalb kürzester Zeit waren 180 000 Exemplare ausgeliefert, im April schon 500 000. Das Buchgeschäft marschierte in Richtung Unterhaltungsindustrie. Einst als Kulturgut geschätzt und geehrt, verwandelt sich das Buch heute zum reinen Wirtschaftsgut. Marcel Reich-Ranicki ist enttäuscht: „Man glaubt etwas tolles getan zu haben, und dann erscheint das Werk, und die Kritik schweigt..." (Der Tagesspiegel, 2.06.10, S. 23). Fast überall sitzen die Dilletanten, die nicht mehr zwischen gut und schlecht unterscheiden können – zu oft entscheiden Kritiker oder Literaturwissenschaftler, die selbst verhinderte Autoren sind. Der Herausgeber der Edition BoD, Vito von Eichborn sagt offenherzig: „Viele Bücher sind

einfach zu klug, um ökonomisch erfolgreich zu sein" (BoD aktuell 34, Winter 2008, S. 13). Resigniert bemerkt der Künstler Herbert Achterbusch: „... es ist alles nur noch eine Frage der Verkäuflichkeit: wie man sich in möglichst viele Hirne einschleimt" (Der Tagesspiegel, 21.06.08, S. 23).

Das ganze Ausmaß des Dramas wird dem Besucher einer Buchmesse bewusst, wenn er erkennt, wofür diese gut ist. „Um zu erfahren, dass man 99,9 Prozent der hier vorgestellten Bücher wirklich nicht zu lesen braucht. Um die hundert Bücher, die in einem Jahr bleiben, um die geht es", sagt Hanser-Verleger Michael Krüger (Der Tagesspiegel, 22.03.10, S. 23).

„Ob jemand schon das neue Buch von ... gelesen habe. Ein ganz grauenvoller Schmarrn ... Der Lektor müsse ein Ausbund von Trottel sein, dass er von den sechshundert Seiten nicht wenigstens dreihundert gestrichen habe" (Monika Maron, ›Ach Glück‹ S. Fischer Verlag 2007, S. 195).

Felicitas von Lovenberg, Literaturredakteurin bei der ›FAZ‹ bekennt: „Die Kluft zwischen den wenigen Bestsellern, die sich rasant verkaufen und mit denen die Verlage Geld verdienen, und dem Gros von zum Teil sehr guten, anspruchsvollen Büchern, auf denen die Buchhändler sitzenbleiben, wird immer weiter" (chrismon, Heft 6/2010, S. 26).

Die Glücksdroge wirkt

Der Pädagoge Stefan Aufenanger von der Uni Mainz weiß: „Wer seinen Kindern vorliest, fördert ihren Spracherwerb. Schon bei Babys mit acht Monaten macht dies Sinn" (Focus 1/2008, S. 72). Doch „... zwei Drittel aller Elternpaare sollen laut einer Studie der Stiftung Lesen ihren Kindern im Vorschulalter nicht mehr aus Büchern vorlesen" (Der Tagesspiegel, 25.03.08, S. 1). Und fast 50 Prozent aller Schüler meiden zuhause den Griff zu einem Buch, vielleicht auch, weil viele ihrer erwachsenen Vorbilder es vormachen. Auch Erwachsene können sich einander vorlesen, denn es festigt das Zusammengehörigkeitsgefühl und ermöglicht nebenbei angenehme Rückblenden an eine unbeschwerte

Kindheit. Für mehrere Tage oder gar Wochen folgt man gemeinsam einer Geschichte, kann zwischendurch Gedanken über das soeben Gehörte austauschen und beschäftigt sich so viel intensiver mit einem Stoff, als wenn dieser verfilmt in 90 Minuten auf der Glotze zusammengedampft daherkommt.

Was sind gute Bücher? Der polnische Schriftsteller Ryszard Kapuściński schrieb: „Ein gutes, wichtiges Buch liest man langsam, nachdenklich, immer wieder die Lektüre unterbrechend und über das soeben Gelesene nachgrübelnd, man blättert zurück zu einzelnen Stellen, Beschreibungen, Reflexionen ..." (Der Tagesspiegel, 25.01.07, S. 29). Die hochgeschätzte Literaturfachfrau Elke Heidenreich formulierte es so: „Bücher machen schön, klug und selbstbewusst, sie ermutigen zum eigenen Denken, sie wecken die Neugier auf andere Leben, sie können trösten, und sie gehen ans Herz" (Sächsische Zeitung, 15.02.08, S. 4).

Eine persönliche Lieblingsliste
›*Und was wird aus mir?*‹ (2007, Doris Dörrie, Diogenes)
Rainer fristet sein Dasein in Hollywood als erfolgloser Regisseur. Einst war er mit großen Plänen über den großen Teich gekommen – alle Träume haben sich in Luft aufgelöst. Die Ehe ist lange zerbrochen. Seine Frau und die Tochter Allegra leben in Deutschland und wissen nichts von Pleiten, Pech und Pannen. So spielt Rainer alljährlich für einige Wochen den erfolgreichen Filmemacher, wenn Allegra in den großen Ferien auf Besuch kommt. Zu den unbedingten Statussymbolen gehören der goldfarbene Jaguar und eine Prunkvilla, die Rainer nicht gehören, sondern seinem Chef Marko, der auf Dienstreise weilt. Marko kommt eher als erwartet nach Hause, die 15 jährige Allegra verliebt sich und Rainer dreht durch ...

›*Was machen wir jetzt?*‹, (2000, Doris Dörrie, Diogenes)
Fred Kaufmann, Mitte Vierzig, im Job erfolgreich, steht vor einem familiären Scherbenhaufen: Seine Frau Claudia sucht ihr Seelenheil im Buddhismus, er geht fremd, die 17jährige Tochter Franka ist in einen tibetischen Lama verknallt und

drauf und dran, diesen nach Asien zu begleiten. Die Eltern wollen Franka nicht verlieren und greifen zu einer List: Sie spekulieren, dass ein mehrwöchiger Klosteraufenthalt zusammen mit dem Lama die junge Liebe im Alltag desillusionieren wird. Fred fährt als Aufpasser mit nach Südfrankreich und erlebt dabei vor allem eine Reise zu sich selbst.

›Blendende Jahre für Hunde‹ (1998, Michal Viewegh, Kiepenheuer & Witsch)
Der altkluge und fettleibige aber hochintelligente Quido zieht nach dem Niederschlagen des Prager Frühlings 1968 mit seinen Eltern in die böhmische Provinz um. Er und sein Bruder wachsen in armen Verhältnissen auf. Das wiederum fordert den schlauen Quido heraus, Freiräume zu suchen, um sich vor den Zwängen aus Familien- und Schulalltag abzuseilen. Dazu zählen Bücher, eine Jugendliebe, die er bald ehelicht und das Schreiben. Das alles ist vor dem Hintergrund der politischen Ereignisse in der Tschechoslowakei zwischen 1962 und 1990 mal urkomisch, dann wieder tief traurig und vermittelt dem Leser lebendige Einblicke in den realen Sozialismus in seiner Schwejkschen Spielart.

›Schlafes Bruder‹ (1992, Robert Schneider, Reclam Leipzig)
Es ist die Geschichte des Organisten Johannes Elias Alder, einem Naturtalent in einem abgelegenen Bergdorf in den österreichischen Alpen. Freiwillig scheidet der 22jährige aus dem Leben, nachdem er beschlossen hatte, nicht mehr zu schlafen. In unsäglicher und unglücklicher Liebe zu seiner Cousine Elsbeth entflammt, war er der Auffassung: Wer schlafe, liebe nicht, denn im Schlaf lebe man nicht wirklich. „Dieser Roman wird wie eine Droge wirken", schrieb Martin Doerry von ›Der Spiegel‹.

›Der Flop‹ (1991, Claudia Keller, Fischer Taschenbuch Verlag)
Eine Gesellschaftsstudie der bundesrepublikanischen Realität. Im Mittelpunkt stehen zwei gleichaltrige Mädchen, Sara aus

gutem Hause und Alexis aus dem Prekariat. Beide sind mit ihrem Leben absolut unzufrieden und sehen ihre Eltern als Versager, denen man als angehende Erwachsene keinesfalls nacheifern möchte. Dennoch vermögen sie es nicht, aus den vorgelebten Mustern ihrer Familien auszubrechen und werden schließlich genau zu dem, was sie nie werden wollten.

›*Prager Winter- Ein ganz normales Leben*‹ (1991, Nikolaus Martin, Carl Hanser Verlag)
Der Autor erzählt den ersten Teil seiner Lebensgeschichte. Man schreibt das Ende der dreißiger Jahre. Der unbeschwerte Alltag des Ich-Erzählers spielt sich in Cafés, am Pokertisch, in Gasthäusern und in den Betten der Geliebten ab. Seine Welt gerät aus den Fugen, als die Wehrmacht im März 1939 einmarschiert. Eine Freundin macht Martin mit dem politischen Widerstand bekannt. Obwohl er damit wenig am Hut hat, gerät er zufällig in die Fänge der Gestapo und nach einem Fluchtversuch in die Vernichtungsmaschinerie von Theresienstadt. Dieser Erfahrungsbericht eines Unpolitischen ist fesselnd und glaubwürdiger als vieles, was über den Nationalsozialismus aufgeschrieben wurde.

›*Die unerträgliche Leichtigkeit des Seins*‹ (1984, Milan Kundera, Fischer Taschenbuch Verlag)
Eine ungewöhnliche Lovestory vor dem Hintergrund des Prager Frühlings (1968). Wahrscheinlich eines der besten Bücher des 20. Jahrhunderts. Kunderas federleichte Poesie gepaart mit intelligentem Witz sucht seinesgleichen. Dazu vermittelt der Autor noch jede Menge zeitlose Weisheiten.

›*Die Reise nach Sofia*‹ (1983, Angelika Schrobsdorff, Deutscher Taschenbuch Verlag)
Das Buch der Bücher über die Ost-West-Missverständnisse in ihrer bulgarisch-französischen Variante. Zwei Freundinnen besuchen sich nach 25 Jahren gegenseitig. Zuerst kommt Angelina nach Sofia, dann reist Ludmilla nach Paris, einen Kulturschock erleben beide ...

›Kramer gegen Kramer‹ (1983, Avery Corman, Rowohlt)
... das heißt Ehescheidung Frau gegen Mann. Doch was wird aus dem vierjährigen Sohn Billy? Johanna Kramer will weg von lästigen Alltagsproblemen. Ted Kramer bleibt nichts anderes übrig, als die Vaterrolle allein zu übernehmen. Verblüfft stellt er fest, dass Billy nicht nur ein niedlicher Knirps ist, sondern ein Kind, das weiß, was es will. Als Alleinerziehender gerät Ted an die Randzone einer Gesellschaft, die auf perfektes Funktionieren ausgerichtet ist. Die Liebe zu seinem Sohn bestärkt Ted, um das Sorgerecht zu kämpfen, als Johanna ihren Sohn wieder zu sich nehmen möchte. 1977 in den USA erschienen, liest sich ›Kramer gegen Kramer‹ auch drei Jahrzehnte später frisch, bewegend, witzig, unterhaltsam und höchstaktuell auch in Deutschland.

›Deutschland umsonst‹ (1982, Michael Holzach, Hoffman und Campe)
Der Journalist Holzach startet einen sechsmonatigen Selbstversuch: Ohne Geld in der Tasche macht er sich auf den Fußweg von Hamburg nach München. Begleitet nur von seinem Hund Feldmann, den er aus seinem traurigen Tierheimdasein erlöste, sind beide täglich auf Mitmenschlichkeit angewiesen. Erniedrigungen bleiben da nicht aus, die Einblicke in das Elend verlorener Existenzen inmitten eines reichen Landes erschrecken, aber immer wieder finden Holzach und sein treuer Vierbeiner unter den Sesshaften auch Vertrauen, Solidarität und Herzlichkeit.

›Der schwarze Obelisk‹ (1956, Erich Maria Remarque, Kiepenheuer & Witsch) beleuchtet das abenteuerliche Leben des Kriegsheimkehrers Ludwig Bodmer, der sich nach einer gesicherten Existenz sehnt. Bodmer weiß: Gestorben wird auch in der Weltwirtschaftskrise und so verdingt er sich bei der Grabsteinfirma, die seinem einstigen Kriegskameraden Georg Kroll gehört. Zusammen rennen sie ihren verlorenen Jugendjahren nach und landen meist bei Alkohol und Frauen. Doch es gibt keine Gewissheiten mehr, alles zerbröselt:

Freundschaft, Liebe, eine ganze Gesellschaft, die den Keim des drohenden Nationalsozialismus bereits in sich trägt ...

›*Jeder stirbt für sich allein*‹ (1947, Hans Fallada, Aufbau Verlag)
Der wohl authentischste deutsche Roman über den Widerstand kleiner Leute gegen die Nazidiktatur. Die Geschichte basiert auf einer wahren Begebenheit. Gestapo-Akten dienten dem Autor als Grundlage. Innerhalb von nur vier Wochen schrieb Fallada diesen 700-Seiten-Roman. Es sollte gleichzeitig sein letztes Werk werden.
Als Anna und Otto Quangel die Nachricht erhalten, dass ihr Sohn gefallen ist, beschließen sie zu handeln. Otto Quangel schreibt Ansichtskarten, auf denen er zum Widerstand gegen Hitler und den Nationalsozialismus aufruft. Gemeinsam verteilt das Ehepaar die aufrührerischen Botschaften in mehreren Berliner Stadtbezirken. Die Gestapo braucht lange, bis der Zugriff erfolgt. Traurig aber wahr: Von 1940 bis 1942 legten sie etwa 200 Karten ab, nur rund zwei Dutzend wurden von den Findern nicht bei der Polizei abgegeben. 1943 starben Quangels (Elise und Otto Hampel) unter dem Fallbeil in Plötzensee.

›*Stalingrad*‹ (1945, Theodor Plievier, Aufbau Verlag)
Kein anderer Autor hat das Grauen des Zweiten Weltkrieges realistischer, drastischer, emotionaler und schockierender zu Papier gebracht. Plievier war während des 2. Weltkrieges nach Moskau emigriert und konnte nach der Niederlage der 6. Armee viele Überlebende in den sowjetischen Gefangenenlagern befragen. Nach dem Lesen bleiben nur zwei Möglichkeiten: Entweder man hasst Kriegstreiber jeglicher Couleur erst recht oder man bleibt ein unverbesserlicher Militarist.

›*Der kleine Prinz*‹ (1943, Antoine de Saint-Exupéry, Karl Rauch Verlag)
Auch Erwachsene ohne Nachwuchs sollten sich den vermeintlichen Kinderkram ab und an mal wieder zu Gemüte

führen. Die tiefsinnige und zärtliche Geschichte lehrt auch die Großen „mit dem Herzen zu denken", innezuhalten und dabei zu erkennen, was wirklich zählt im Leben.

›Die Welt von Gestern: Erinnerungen eines Europäers‹ (1942, Stefan Zweig, Fischer Taschenbuch Verlag)
Ein bild- und faktenreiches Zeitdokument des ausgehenden 18. Jahrhunderts bis zum Ausbruch des Zweiten Weltkriegs, wie es in der deutsch-österreichischen Literatur wohl kein zweites gibt. Heute nahezu vergessene Fakten werden genannt: Vom 18. Jahrhundert bis 1914 gab es keine Inflation, die Preise blieben fast ein Jahrhundert stabil! Bis zum Ausbruch des Ersten Weltkrieges konnte jeder durch die ganze Welt reisen. Ohne Pass, ohne Visa, Grenzen setzte allein der eigene Geldbeutel.

Noch wenige Wochen vor Kriegsausbruch (1914) konnte sich kein Bürger vorstellen, dass sich die europäischen Völker bald gegenseitig abschlachten werden. Die Intellektuellen Europas fühlten sich freundschaftlich verbunden. Das geistige Leben war reich und vielgestaltig, man könnte aus heutiger Sicht fast meinen: Seither geht es mit dem IQ der europäischen Elite wieder abwärts. Authentisch schildert Zweig die Jahre der Inflation und Depression. „...jeder Gang in die Stadt war ein erschütterndes Erlebnis, zum erstenmal sah ich einer Hungersnot in die gelben und gefährlichen Augen. Das Brot krümelte sich schwarz und schmeckte nach Pech und Leim, Kaffee war ein Absud von gebrannter Gerste, Bier ein gelbes Wasser, Schokolade gefärbter Sand ... und wohlgenährte Hunde oder Katzen kamen nur selten von längeren Spaziergängen zurück" (39. Auflage 1975, S. 330).

Die Mahner der zweiten Kriegskatastrophe wurden von Zeitgenossen als Schwarzmaler belächelt. Stefan Zweig erläutert die Zusammenhänge, die im Nationalsozialismus zum Judenhass führten, die Nationalsozialisten schürten den „Futterneid" der arischen Mitbürger. „Was hätte aus Deutschland werden können, wenn nicht die Dunkelmänner und Welterlösungsbarbaren, von denen die Nazis nur die primitivste Form darstellten, das Sagen gehabt hätten, sondern die aufgeklärten, skeptischen, optimistischen Kosmopoliten und Hedonisten?" – so formulierte der Münchner Literaturkritiker Thomas Kraft einmal die Leitfrage des Gedankenspiels. (›Schwarz auf Weiss. Warum die deutschsprachige Literatur besser ist als ihr Ruf‹, kookbooks Idstein 2005, S. 69).

Wer glaubt, im modernen Europa unserer Tage seien Kriege ausgeschlossen, wird nach dem Lesen des Romans nachdenklich bleiben. Wer hätte vor zehn Jahren für möglich gehalten, was heute in Griechenland oder gegenwärtig in der Ukraine passiert?

›Kleiner Mann was nun?‹ (1932, Hans Fallada, Aufbau Verlag)
Rudolf Ditzen, so der bürgerliche Name von Hans Fallada, war ein Glücksfall für die deutsche Literatur der 1930er und 1940er Jahre. ›Kleiner Mann was nun?‹ war sein erster Welterfolg. Unterhaltsam und authentisch schildert der Autor am Schicksal eines jungen Paars den entbehrungsreichen Alltag aber auch die kleinen Freuden der Liebe in den ausgehenden 1920er Jahren in Berlin und Mecklenburg.

›Fabian Die Geschichte eines Moralisten‹ (1931, Erich Kästner, Aufbau Verlag)
Ursprünglich konzipierte Kästner den Buchtitel ›Der Gang vor die Hunde‹, was dem Verleger aber nicht gefiel. Doch dieser sagt schon eine Menge über die Handlung aus. Fabian und sein Freund Labude erwehren sich den Widrigkeiten der Wirtschaftskrise und des aufkommenden Faschismus im Berlin Anfang der 1930er Jahre. Es kommt wie es kommen muss zur Katastrophe. Fabians Freundin wirft sich in die Arme eines Filmdirektors, um sich als Schauspielerin „hochzuschlafen". Labude geht einer Intrige auf den Leim und nimmt sich das Leben.

„Durch ein Buch Schopenhauers, das Kästner zitiert, indem er es Fabian kurz nach dem Verlust seiner Arbeit lesen lässt, wird die These aufgestellt, dass der Optimist mehr Unglück als der Pessimist erleiden müsse. ... Der Autor und seine

Hauptfigur sind Moralisten, das heißt, sie gehen davon aus, dass die Handlungen der Menschen auf ethischen Prinzipien beruhen sollen, die ihrerseits auf bürgerlichen Freiheitsrechten und zwischenmenschlicher Solidarität gegründet sind, von der Gesellschaft ihrer Zeit jedoch nicht beachtet werden" (http://de.wikipedia.org) Fabian, der sich als Werbetexter und Propagandist verdingt, sieht auf einem Blatt des Kollegen Daumier einige Schnecken dargestellt, die hintereinander herkriechen. Eine Symbolik für die menschliche Entwicklung. „Aber die Schnecken krochen im Kreise!" (›Fabian Die Geschichte eines Moralisten‹, Aufbau Verlag, S. 33). Kästners klare und bildreiche Sprache ist ein immerwährendes Lehrstück für einen brillanten Roman in deutscher Sprache!

›Im Westen nichts neues‹ (1929, Erich Maria Remarque, Kiepenheuer & Witsch)
Der Roman offenbart das Schicksal des 18jährigen Paul Bäumer. Zusammen mit seinen Schulkameraden meldet er sich freiwillig zum Militärdienst. An der Westfront durchlebt er das Grauen und Sterben des 1. Weltkrieges. Die realistisch-drastischen Schilderungen standen Ende der 1920er Jahre ganz im Gegensatz zu den Tendenzen, den verlorenen Krieg in der Weimarer Republik zu glorifizieren. Die Nazis sahen das Werk nach dem Machtantritt als große Gefahr: Es wurde verboten und brannte auf vielen Scheiterhaufen.

›Geld‹ (1891, Emile Zola, u.a. bei Insel Verlag)
Pariser Börse 1867: Der Roman beschreibt den Aufstieg und Fall der neugegründeten Universal-Bank. Alle wollen sie reich werden ohne zu arbeiten. Skrupellose Börsengauner entscheiden auch über das Schicksal von gutgläubigen Kleinanlegern, die denken, sie könnten durch ihre mageren Einsätze an der Spekulation ihr Leben grundlegend verbessern: Im Hochgefühl der schwindelerregenden und auf Betrug basierenden Kurse vernichten die Akteure Tausende Existenzen. Es gibt wohl kein zweites Buch, welches mit ähnlicher Detailkenntnis und ungeschminkter Wahrheit diese hässliche Fratze des Kapitalismus beleuchtet. Frappierend sind

die unheimlichen Gleichnisse zur Gegenwart. Werden Sie nach der Lektüre jemals wieder Aktien erwerben?

Glückliche Zeiten: Reisen, Reisen
„Wer eine Weltanschauung haben möchte, sollte sich die Welt anschauen" (Hermann Kant, Schriftsteller)

Radfahrer haben sich einen alten Menschheitstraum erfüllt: Im Sitzen zu Wandern. Mit Gepäck müssen sie sich nicht abplacken, das fährt sozusagen einfach mit. Die Reisegeschwindigkeit ist nicht so hoch, dass Beobachtungen am Wegesrand und Begegnungen mit anderen Menschen oft unmöglich werden. Das Radfahren ist neben dem Wandern zu Fuß und auf Ski die wohl schönste Art des Reisens.

Kennen Sie das auch? Mit jedem Kilometer Abstand von zuhause verringern sich auch die Alltagsprobleme. Nach 14 Tagen im Fahrradsattel hat man sich so richtig eingewöhnt. Doch dann ist der Urlaub leider schon zu Ende. „72 Prozent der Deutschen wünschen sich eine berufliche Auszeit, erfragte das Meinungsinstitut Gewis" (Focus 1/2008, S. 70).

„Dennoch trauen sich nur wenige Angestellte, ihren Chef nach einer Auszeit zu fragen. 56 Prozent der Deutschen befürchten berufliche Nachteile. ... Viele Vorgesetzte messen die Leistung ihrer Untergebenen an der Präsenz im Betrieb. ... wer sich verabschiedet, während der ganze Laden bis über die Belastungsgrenze hinaus schuftet , macht sich auch bei den Kollegen nicht beliebt. Die wenigen, die sich dennoch trauen, kommen meist wie verwandelt zurück" (Robert B. Fishman, Schrot&Korn 6/2010, S. 37/38).

Die Meisten wollen mit der Verwirklichung von langgehegten Reisewünschen Abstand vom kräftezehrenden Alltag gewinnen. Einige kündigen dafür den Job, weil es in Deutschland noch immer schwierig ist, problemlos ein „Sabbatjahr" einzulegen. Wenn es nicht gleich zwölf Monate sein sollen, wird es einfacher. So bieten einige Firmen bereits Lebensarbeitszeitkonten an. Damit sammelt man viele Urlaubstage an und nimmt sie für eine längere Reise auf einmal. International wird das längst praktiziert, dafür existiert der Fachbegriff „Worklife-Balance", was bedeutet, dass Arbeitsphasen und -pausen im Gleichgewicht stehen sollen.

Schon sechs bis acht Wochen „Große Pause" gestatten genügend Freiräume. Dafür reichen der Jahresurlaub, geschickt kombiniert mit Feiertagen und angesammelten Überstunden, die man am Stück in einige zusätzliche Urlaubstage verwandelt. Eine ideale Zeit sich länger zu verkrümeln, besteht zum Ende des Studiums. Versuchen Sie, den Arbeitsbeginn um zwei, drei Monate hinauszuschieben, wenn es auch finanziell keine Engpässe gibt. Das Gleiche gilt bei einem Arbeitsplatzwechsel, wenn man in einer Auszeit von Ersparnissen zehren kann. Mit Omas oder Opas Erbschaft in der Tasche fällt es auch leichter, mit dem Chef über einige Wochen unbezahlten Sonderurlaub zu verhandeln. Und es gibt die „Rentnerträume" – so nannten es ein Hamburger und seine Frau an der polnisch-russischen Grenze: „Wir sind im Mai zuhause losgeradelt, wollen die Ostsee umrunden und Anfang September wieder ankommen". Schon seit zwanzig Jahren hält es das Nordlichterehepaar so. „Früher waren es kürzere Touren, aber die über die Jahre gesammelten Erfahrungen nützen uns heute viel". Finanziell abgesicherte Senioren haben es am leichtesten, lange Reiseträume in die Tat umzusetzen. Vorausgesetzt, sie haben sich über die Jahre fit gehalten und geben dem Rad bei der Wahl des Reiseverkehrsmittels schon immer den Vorzug.

Markus Hübner hält Diavorträge über seine Touren und schwärmt: „Mit der Langsamkeit des Reisens vertreibe ich die Hektik des Alltags. Auf eine denkbar einfache Weise kann ich Ruhe finden. Die Bedürfnisse beschränken sich auf Trinken, Essen und abends einen Platz zum Schlafen. Der Rest ist Freiheit. Eine Art zu reisen, die nicht teuer und somit für jeden möglich ist" (ADFC-Radwelt, Heft 1/2010, S. 16).

Und der Journalist Rüdiger Barth erzählt im Interview: „Der eigene Blick auf die Welt ist [nach einer längeren Reise, d. A.] ein anderer: Man ist wacher, kritischer, genügsamer. Das reicht ja schon dicke. Ich spüre heute noch in mir ein Freiheitsgefühl, ... Es zählen die kleinen Momente: In der Morgensonne Kaffee schlürfen und an Neuengland denken. Solch kleine Fluchten gönne ich mir ständig. Das ist kettensprengend" (Geo Saison. Heft 8/2008, S. 6).

Der Reporter, Weltreisende und Abenteurer Andreas Altmann sagt über die Kunst des Reisens: "Bleib hungrig, nach der Welt, ... nach Intensität, bleib weltwach. Natürlich bin ich auch ein Tourist, seit ich die etymologische Bedeutung des Wortes kenne, habe ich damit kein Problem. Es kommt von ‚sich drehen, sich wenden'. Nur das der durchschnittliche Pauschaltourist das nie tut, er dreht sich nicht, er geht schnurstracks in sein Touristenghetto. ... Die Ansprüche dieser Leute sind uferlos. Ihre Fressgier, ihre Amüsiergier, ihr fehlender Respekt für die Armut der Welt ... Ich mag die Fremde, weil ich dort erfahre, wie anders man mit dem Leben und der Welt umgehen kann" (Der Tagesspiegel, 18.07.2010, S. S1).

Viele Menschen kommen von einer Reise nach Hause, wie sie abgefahren waren: Nicht klüger, nicht dümmer. Der Reisejournalist Helge Timmerberg meint dazu: „Wer sich auf einer Reise nicht verändert, nicht mal ein klitzekleines bisschen, der hat die Reise nicht zugelassen. Das ist rausgeworfenes Geld und, noch schlimmer, verschwendete Zeit. Das Reisen hat ein enormes Veränderungspotential. Ob es Begabung dafür braucht? Wahrscheinlich. Aber reisen nicht alle Menschen gern? Das Nomadentum ist in unserer Geschichte, und die Seele wandert auch" (mobil, Heft 6/2008, S. 79).

Lustvolle Planung

Am schönsten ist es wohl, vor der eigenen Haustür zu starten. Die oft nervige Anreise mit dem Auto, der Bahn oder dem Flugzeug entfällt. Schon am ersten Tag stellt sich das Gefühl der großen Freiheit ein. Mit dem Flieger ist man schon nach Stunden am Ziel, mit dem Auto meist am selben Tag. Auf dem Fahrrad dauert es Wochen oder gar Monate. Erfurcht vor der Natur stellt sich ein, wenn starker Gegenwind die Fahrt bremst oder sich Berge auftürmen.

Vorbereitungen für eine lange Tour sind bereits die halbe Miete für das Gelingen. Doch das Reisen sollte sich nicht im bloßen und schnellen Abhaken von möglichst vielen Sehenswürdigkeiten erschöpfen. Der Globetrotter Thomas

Brandt weiß: „Reisen ist immer noch ein Vergnügen – wenn man es richtig angeht. ... mit Muße und Zeit, ohne Stress und mit offenen Sinnen, ... Respekt und Interesse will ich bezeugen, den Weg zum vielbeschworenen Ziel machen, genießen will ich und Altbekanntes mit wachen Augen sehen und aufregend Neues mit klopfendem Herzen erleben" (Der Tagesspiegel, 21.01.07, Seite R4).

Der ausgearbeitete Zeitplan sollte also nicht zu eng gestrickt sein, täglich 50 bis 70 Kilometer reichen aus, wenn man sich Pausen und Besichtigungen gönnt und eine solche Reise nicht nur als sportliche Herausforderung betrachtet. Eine zeitlich zu detaillierte Planung kann während der Reise unnötigen Stress auslösen. Deshalb nicht jeden Tag mit Unterkunft und Stadtbesichtigungstermin exakt planen. Keine Wetterkapriole, keine Panne, kein Unwohlsein, keine überraschende Begegnung oder Entdeckung darf dann dazwischen kommen.

Die Vorfreude steigert sich beim Blättern in Reiseführern, beim Studieren der Karten und beim Ausarbeiten der Reiseroute. Zwar leistet ein Navigationsgerät unterwegs Hilfe, ersetzt aber das „altmodische" Kartenstudium keinesfalls. Für Deutschland, Österreich oder die Schweiz z.B. sind flächendeckend sehr gute Radkarten im Maßstab 1:100 000 bis 150 000 zu haben. Bei anderen europäischen Nachbarn gibt es zwar gute Karten, die aber hierzulande nicht immer erhältlich sind. Darüber hinaus besitzen Länder wie Frankreich, Polen, Tschechien oder Italien kein separates Radwegenetz vergleichbar mit Deutschland, sodass man hier Straßenkarten im Maßstab 1:100 000 auswählt und auf wenig befahrene Landstraßen setzt. Es hat sich unterwegs bewährt, wenn man schon zuhause in Schwarzweißkopien die Route farbig eingetragen hat und auf eine Liste mit allen zu durchfahrenden Orten und Städten zurückgreifen kann, auf der auch die wichtigsten Sehenswürdigkeiten vermerkt sind. Nach und nach kann man sich während der Reise des ganzen Papierkrams entledigen. Mit den Originalkarten wäre es schwieriger, denn man müsste entweder alles mitschleppen oder Pakete nach Hause senden. Für viele europäische Themenradwege, Flussrouten und besonders attraktive

Landschaften sind Radtourenbücher mit exakten Karten, Hauptrouten und Alternativstrecke sowie gekennzeichneten Anstiegen oder Abfahrten zu bekommen.

Bei wochen- oder gar monatelanger Abwesenheit haben es WG-Bewohner gut, sie geben den Schlüssel an ihre Mitbewohner weiter. „Normale" Mieter, Wohnungs- und Hausbesitzer brauchen hingegen eine Vertrauensperson, die öfters nach dem Rechten schaut, die Zimmerpflanzen oder den Garten gießt, den Briefkasten leert oder mit einer Vollmacht auch Einschreiben und Pakete in Empfang nehmen kann. Wenn Sie diese Möglichkeit nicht haben, bleibt der Gang zur Post – hier können Sie alle Sendungen lagern lassen, wenn man diesen kostenpflichtigen Dienst fristgerecht anmeldet. Viele Topfpflanzen verkraften erfahrungsgemäß vier bis sechs Wochen ohne Nachgießen in einer mit Wasser gefüllten Plastikbadewanne.

Weil die Wohnungsmiete während vieler Wochen oder Monate weiter gezahlt werden muss, sollte man über eine Zwischenvermietung nachdenken. Damit werden gleich mehrere Fliegen mit einer Klappe geschlagen: Man spart Bares, das man unterwegs sicher brauchen kann, die „verwaltungstechnischen" Angelegenheiten erledigt der Bewohner auf Zeit und potentielle Diebe nehmen die Wohnung nicht ins Visier.

Das liebe Geld
Bargeld mitzuschleppen und ständig sicher zu verwahren, kostet Nerven. Plastikkarten und Reiseschecks sind sicherer. Übernachtungen und Einkäufe lassen sich in vielen Ländern mit Kreditkarte bezahlen. Die Abbuchung erfolgt zum aktuellen Tageskurs ohne Umtauschgebühr. Besitzer einer Postbank-Sparcard können zehn Auslandsabhebungen kostenfrei vornehmen.

Ein Zelt spart Kosten und lässt zeitliche Freiräume. Leider findet man im Sommer auf vielen deutschen Campingplätzen kein ruhiges Plätzchen. Besser auf einem Bauernhof fragen, ob die Leinwandvilla für eine Nacht in der Nähe aufgestellt werden darf. Übernachtungen sind der entscheidende

Kostenfaktor einer Langzeitreise. Und gerade hier kann man viel Geld sparen. Eine Alternative zu Hotel, Pension oder Jugendherberge (www.djh.de) ist deutschlandweit der ADFC-Dachgeber (www.dachgeber.de), von dem es inzwischen auch mehrere kleinere „Ableger" in Australien, England, Frankreich, Italien, Niederlande, Österreich, Schweiz und den USA gibt. Auch Hospitality Club (www.hospitalityclub.org) und Couchsurfing (www.couchsurfing.com) gewähren weltweit kostenlose Unterkunft, man muss noch nicht mal das heimische Sofa zum Übernachten nach dem Gegenseitigkeitsprinzip anbieten, wie beim ADFC-Dachgeber. Stefanie Luxat sagt über Couchsurfing: „Im Urlaub Teil des Lebens eines Einheimischen zu sein, bringt einem eine Stadt, ein Land, eine andere Kultur unglaublich nah".

Deutschland fast umsonst
Geld regiert die Welt, und ohne Moos ist meist nix los: Nicht so mit dem ADFC-Dachgeber in der Hand. Viele Türen öffnen sich, wenn man sich vorher angemeldet hat. Ob in Altbauwohnungen, Eigenheimen, Plattenbauten oder im Gärtchen, eins ist allen gemeinsam: Radler werden von Dachgebern freundlich empfangen, oftmals auch reichlich bewirtet, und das alles kostet keinen Euro! Gastfreundschaft, wie sie in ärmeren Gegenden der Welt noch üblich ist, in Deutschland ist sie nicht mehr selbstverständlich. Viele Adressen von Radlern und Radfahrerfreunden, die selbst zwar nicht auf zwei Rädern unterwegs sind, aber gern nette Leute bei sich aufnehmen, finden sich im alljährlich aktualisierten Dachgeber-Verzeichnis. Einige Radler schrieben der Redaktion ihre Meinungen und Erfahrungen der letzten Saison: „Der Dachgeber ist jedes Jahr wieder Grundlage für wunderbare Begegnungen." „Sehr gute Erfahrungen bisher! Der erste Dachgeber auf unserer kleinen Tour mit unserer 11jährigen Tochter hat uns morgens 10 km weit mit dem Kleinbus kutschiert, um unserem geplagten Kind einige unangenehme Steigungen zu ersparen! Beim zweiten Dachgeber sind wir verwöhnt worden wie im besten Hotel!". „Bisher hatte ich ausschließlich sehr nette Radelgäste, manche

so hartgesotten, dass sie nach durchfahrenem Tag sogar klaglos noch abends im Regen mit uns gegrillt haben ... als Vegetarier, wie sich am nächsten Morgen herausstellte. Eine Spitzenidee, dieses Reiseradlers-Übernachtungsverzeichnis!".
„Tolle Sache! Sehr nette Leute. Habe sogar Wohnungsschlüssel per Post erhalten plus supergenauer schriftlicher Anfahrtsbeschreibung". „Wie in den Jahren zuvor: Das Kennenlernen Gleichgesinnter ist spannend, bereichernd und manchmal auch beschämend, wenn jemand in einer kleinen Zweizimmerwohnung zusammenrückt, um drei Leute aufzunehmen". „Wenn es den Dachgeber nicht gäbe, müsste man ihn erfinden!"

Der ADFC Dachgeber beruht auf dem Gegenseitigkeitsprinzip: Radler oder Sympathisanten, die darin aufgelistet sind, erklären sich für eine Nacht dazu bereit, auf Anfrage eine kostenlose Unterkunft zu ermöglichen. Das gilt auch für Radler, die sich in gleichartigen Verzeichnissen im Ausland zusammengefunden haben, so in Österreich, der Schweiz, Frankreich, England und den USA.

Gerechnet werden darf aber nur mit einem einfachen Lager, was heißt: Es sollte sich ein ruhiges Plätzchen für die Isomatte samt eigenem Schlafsack oder für das Zelt im Garten finden. Dennoch verwöhnen manche Dachgeber ihre müden und hungrigen Gäste: Man darf in einem gemütlichen Bettchen schlafen, muss nicht den Schlafsack hervorwühlen, kann sich in kuscheliger, frischer Wäsche räkeln und bekommt obendrein ein reichhaltiges Abendessen und Frühstück serviert. Das ist immer wieder eine wunderbare Erfahrung.

Erinnerungen festhalten
Nehmen Sie sich täglich Zeit für Stichworte. Ansonsten gehen oft viele schöne Details unwiederbringlich verloren. Und gerade von den Erinnerungen will man zuhause lange Zeit zehren und Kraft für den Alltag schöpfen. Und eines ist fast sicher: Mit den Erlebnissen einer Langzeitreise im Gepäck werden Sie weltoffener und zufriedener heimkehren. Schon Kurt Tucholsky wusste: „Wer viel von dieser Welt gesehen hat, der lächelt, legt die Hände auf den Bauch und schweigt".

Sein Kollege Oskar Maria Graf gab jedoch zu bedenken: „Reisen sollte nur ein Mensch, der sich ständig überraschen lassen will". Und Wilhelm Busch meinte: „Viel zu spät begreifen viele die versäumten Lebensziele: Freude, Schönheit der Natur, Gesundheit, Reisen und Kultur. Darum Mensch, sei zeitig weise! Höchste Zeit ist's! Reise, Reise!". Doch war ist auch: „Die Fremde ist herrlich, solange es eine Heimat gibt, die wartet" (rowohlt revue Herbst 2006, S. 5).

Hinweise zum Benutzen

*Titel wurden von den Autoren geändert
[... d. A.] Anmerkung der Autoren in Zitaten

Auch die Verfasser haben die Weisheit nicht mit Löffeln gefressen! Alle Meinungen und Thesen sind subjektiv. Der geschätzte Leser kann dies mit seinem Weltbild abgleichen. Jeder Mensch sammelt über die Jahre so viele verschiedenartige Erlebnisse, dass er oft zu anderen Schlussfolgerungen kommt, als sein Freund, sein Partner, sein Nachbar, sein Kollege ... oder ein Buchautor.

Wenn von Bürgern, Politikern, Rauchern, Wissenschaftlern etc. die Rede ist, dann schließt dies ausdrücklich immer auch die weibliche Form mit ein – so wie das ursprünglich in der deutschen Sprache vorgesehen ist. Das neumodische gendern mit In und Innen bläht den Text unnötig auf und führt zu keinem Erkenntniszuwachs.

Eine Glücksgarantie ist ausgeschlossen. Autoren und Verlag übernehmen keinerlei Haftung oder Verantwortung für negative Folgen, die in Verbindung mit dem Aufgeführten gebracht werden können.

In eigener Sache
Unsere aktuellen Reiseführer sowie zwei Outdoorbücher („Wandern mit Kind" und „Skiwandern – Nordic Cruising") finden Sie unter: amazon.de, Suche: Bücher, Micklitza.